設計優質的課程單元

重理解的設計法指南

Grant Wiggins and Jay McTighe 著

賴麗珍 譯

The Understanding by Design

by Design

Guide to Creating High-Quality Units

GRANT WIGGINS AND JAY MCTIGHE

目 次
CONTENTS

圖表目次

發展「重理解的課程設計」所需的關鍵圖表均已條列如下，並且附上頁碼；其他還有一些可能有用的線上圖表，另以○○標示之。讀者可視需要下載任何圖表。

作者介紹

Grant Wiggins

Grant Wiggins 是「真實教育」（Authentic Edu-
cation）公司的總裁，該公司位在紐澤西州霍普維爾
鎮。他於哈佛大學獲得教育博士學位，於安那波利
斯的聖約翰學院（St. John's College in Annapolis）
取得文學士學位。他及同僚為學校、學區、州教育
廳，以及聯邦教育部等提供關於各種改革問題的顧
問服務；他們也針對關鍵的學校改革議題籌劃會議
和工作坊，並且發展書面和網路的研習及參考資
訊。

　　Wiggins 的盛名可能是來自於和 Jay McTighe 合著「重理解的課程設計」
（*Understanding by Design*）系列書，以課程設計為題的這些書是被全世界採
用、極為成功的獲獎方案暨整套學習教材；他們也合著了《重課程設計的學
校教育》（*Schooling by Design*）。Wiggins 也是 Pearson 出版公司十多本融入
UbD 的教科書之共同作者。而他的工作一直受到普義慈善信託基金會（Pew
Charitable Trusts）、吉拉丁‧達吉基金會（Geraldine R. Dodge Foundation）、
全國科學基金會（National Science Foundation）等組織的贊助。

　　過去二十五年來，Wiggins 曾參與過不少國際間具影響力的改革創制計
畫，包括由 Ted Sizer 所倡議的「重點學校聯盟」（Coalition of Essential
Schools）、「國際文憑課程」（International Baccalaureate Program）和「跳
級安置計畫」（Advanced Placement Program）；紐澤西州、紐約州和德拉瓦

州的州教育改革創制；以及中國、菲律賓和泰國的國家教改計畫。

　　Wiggins 以其在學習評量方面的著作廣為人知，他是 Jossey-Bass 所出版《教育評量》（*Educative Assessment*）和《評量學生實作表現》（*Assessing Student Performance*）這兩本書的作者。在學習評量的改革創制方面，他是許多州的首席顧問，例如：佛蒙特市學習檔案評量辦法（the portfolio project in Vermont），以及紐澤西州和北卡羅萊納州的實作評量協會（performance assessment consortia）。

　　Wiggins 的學術文章也刊登在幾種學術期刊，包括《教育領導》（*Educational Leadership*）和 *Phi Delta Kappan*。他的工作係以十四年的中學教學和學習指導經驗為基礎；他教授英文和哲學選修課程，擔任過多所學校的英式足球教練，以及初中棒球代表隊和田徑隊的教練。工作之餘，他也在海斯平（Hazbins）搖滾樂團演奏歌曲。Wiggins 的電子郵件信箱是：grant@authenticeducation.org。

Jay McTighe

　　Jay McTighe 有充實而多元的教育生涯，並從中發展出豐富的經驗。他目前是馬里蘭州評量協會（Maryland Assessment Consortium）的主任，該協會是由各學區共同組成，旨在合作發展及分享實作評量。在接任這個職位之前，McTighe 曾參與馬里蘭州教育廳的學校改進計畫，指導開發「教學架構」（Instructional Framework），這是一個以教學為題的多媒體資料庫。他以思考技巧教學輔導專家著稱，曾經協調全州之力發展相關的教學策略、課程模式，以及評量程序，以提升學生的思考能力素質。除了州層級的工作之外，McTighe 曾在馬里蘭州喬治王子郡（Prince George's County）學區擔任過學校教師、教學資源專家、課程協調員（program coordinator），也擔任過馬里蘭州資優兒童暑期教

育中心（Maryland Summer Center for Gifted and Talented Students）主任。

　　McTighe 是有造詣的作者，他是十本書的共同作者，其中包括和 Grant Wiggins 合著的「重理解的課程設計」系列暢銷書。他曾經發表過三十多篇期刊論文和專書章節，期刊部分包括知名的《教育領導》（*Educational Leadership*，ASCD 發行）和《發展者》（*The Developer*，全國教師發展協會發行）。

　　McTighe 在專業發展方面有相當廣泛的背景，經常於全國、各州，以及學區的會議和工作坊擔任演講人，他在美國的四十七個州、加拿大七個省，以及五大洲的十八個其他國家都做過專題演說。

　　McTighe 於威廉瑪莉學院（College of William and Mary）獲得學士學位、於馬里蘭大學獲得碩士學院，以及在約翰霍普金斯大學完成其碩士後研究課程。求學期間，他曾被華盛頓特區的教育領導研究所（Institute for Educational Leadership）推選參加「教育政策獎學金課程」（Educational Policy Fellowship Program）。McTighe 曾經擔任全國評量論壇（National Assessment Forum）的會員，此論壇由教育組織和民權組織共同成立，旨在鼓吹全國、各州，以及地方的評量政策與實務之革新。McTighe 的連絡地址是：「6581 River Run, Columbia, MD 21044-6066 USA」，電子郵件信箱是：jmctigh@aol.com。

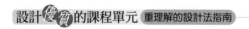

譯者簡介

賴麗珍

　　美國威斯康辛大學麥迪遜校區教育博士，主修成人暨繼續教育，曾任職於台北市教育局、台灣師範大學圖書館（組員）及輔仁大學師資培育中心（副教授）。研究興趣為學習與教學、教師發展及創造力應用。譯有「重理解的課程設計」系列、《你就是論文寫手》、《創造力教學的 100 個點子》、《思考技能教學的 100 個點子》、《教師評鑑方法》、《教學生做摘要》等書（以上皆為心理出版社出版）。目前在創意產業領域探索發展利人益己的事業。

下載說明（關鍵頁）

本書的圖表，以及其他附加的作業單和範例，都可以從 jaymctighe.com/resources/下載。

導言

　　《設計優質的課程單元：重理解的設計法指南》一書的寫作對象是，有興趣根據重理解的課程設計法（UbD）架構來改進其教學單元設計技巧的個人和團體。這本指南介紹UbD單元的設計，並且引導讀者了解整個過程。全書內容依照一套模組而編排，這套模組從基本的概念〔如：「逆向設計」（backward design）的三階段〕進展到更複雜的單元設計要素（如：真實性評量任務）。表1以表格呈現這些模組的組織。

　　每個模組的介紹包含以下部分：

- 此模組基本概念的陳述
- 單元設計的練習範例、作業單和設計的訣竅
- 設計中的單元教案舉例
- 有自我評量提示的檢討標準（單元設計標準）
- 提供更多訊息的參考資源一覽

表 1　模組一覽

階段一：期望的學習結果	階段二：評量結果的證據	階段三：學習計畫
模組 A：UbD 的大概念		
模組 B：UbD 的範例		
模組 C：起始點		
模組 D：初步的單元草案		
模組 E：學習目標的分類	模組 F：主要問題和理解事項	模組 G：理解的證據及評量任務
模組 H：重理解的學習計畫		

　　除了以書面文字形式呈現，這本指南也強調與書中內容有關的電腦網路資源。許多的練習題和作業單都可透過下載取得電子檔，以作為其他單元的設計實例。電腦網路資源包括常見問答集（FAQs），也允許更新（如更多的單元教案實例和新資源），以備取得最新資訊。

　　我們建議 UbD 的使用者，尤其是初學者，完成練習題和作業單，以促進自己對於單元設計過程的思考。然而重要的是，要一直想到設計的成果——有效連結且一貫的單元計畫。如果發現一個以上的練習題和作業單不需要做，請自行略過。再者，要把練習題和作業單想成是腳踏車的練習輔助輪，因為你終究會發現，對於 UbD 的理解更深入，單元設計技巧也變得更有效、更自動之後，你就不再需要這些輔助了。

　　以模組方式呈現 UbD 研習教材，意味著使用者不需要按照順序學習。如表 1 所示，本書係依照逆向設計的三階段邏輯來編排內容，但請勿將此邏輯和（本來就複雜的）設計過程指令相混淆。你在課程設計方面的興趣、長處和經驗，必然左右你如何使用本書，以及研讀的順序。

　　那麼，把本書想成是食譜吧。食譜的章節順序首先是開胃菜，再來是湯和沙拉，然後是魚或肉、蔬菜和甜點。類似地，《設計優質的課程單元》一書的組織，也是依照課程單元各部分組成的「菜單」——單元範例的要素組合。雖然食譜的內容有先後順序，但你不需要從頭到尾閱讀，也不必按照食譜的順序來練習每道菜。單元設計也是一樣。你會發現自己就像是食譜的作者，課程設計經過的路徑受到成品須以某種形式呈現的影響；然而在嘗試做出成品、改變不同的「成分」，以及回頭再確認最後成品奏效的過程中，創作原本就是非線性的。

　　如果你想獲得有關 UbD 可用產品的更多資訊，請查閱 www.ascd.org。對 UbD 有興趣的人士所組成的社群及其他資源，請瀏覽 ASCD EDge，網址是 http://groups.ascd.org/groups/detail/110884/understanding-by-design/。ASCD EDge 是為教育工作者服務的專業網路社群。

UbD 的大概念

> **目的**：認識「重理解的課程設計」（UbD）所用的大概念。
>
> **期望結果**：單元設計者將理解
>
> - UbD 是一種計劃課程的架構，而非配方式的課程計畫。
> - UbD 強調幫助學生理解重要概念，並將學習結果遷移到新的情境。
> - UbD 反映了當前對學習的研究發現。
>
> **你應該學習模組 A**，如果你是 UbD 課程設計法的初學者。
>
> **你可以略讀或跳過模組 A**，如果你熟悉 UbD 的基本概念。

　　如其名稱所示，**重理解的設計**（Understanding by Design, UbD）反映了兩個相互依賴的概念之聚合：(1)認知和學習方面的研究強調，理解是教學和評量的核心要務；以及(2)它是有用的、經得起時間考驗的課程編寫過程（Wiggins & McTighe, 2005）。

　　UbD 以八項關鍵原則為基礎：

1. UbD 是對課程計畫的有目的性的思考方法，而非死板的課程方案或配方式要訣。
2. UbD 的主要目的是發展及深化學生的理解力——透過「大概念」使學習產生意義，並且遷移所學的能力。
3. UbD 分析並轉化課程內容標準及學校使命有關目標，使其成為與階段一

有關的要素和階段二的適當評量策略。

4. 當學生透過真實性評量對自己的學習產生意義及學習遷移，就會顯露其理解結果。理解的六個層面——**說明、詮釋、應用、轉換觀點、有同理心**和**自我認識**的能力——被視為理解的指標。

5. 有效的課程是透過三階段的設計過程（期望的結果、評量的證據、學習計畫），從長期的期望學習結果「逆向」計劃而成。這個過程有助於避免「按教科書內容教」（textbook coverage）和「活動導向的教學」（activity-oriented teaching）之學生問題——欠缺明確優先順序和教學目的表面化。

6. 教師應該是指導理解的教練，而不只是內容或活動的提供者。教師應著重於產生學習，而非只重教的部分（以及假定所教內容都被學會）；他們必須總是致力於——並檢核——學生的有效理解及學習遷移。

7. 根據課程設計的標準經常檢討教學單元和課程，可以強化課程的品質和成效。

8. UbD 反映的是持續改進學業成就的取向。我們的課程設計結果——學生的表現——會指出在課程和教學方面所需的調整；我們必須定期視需要暫停、分析和調整。

在這個模組中，我們將探討 UbD 的兩大概念——**理解**和**設計**。

第一節　以理解作為教育目的

此節的標題可能會讓讀者覺得沒必要。教師莫不想要學生理解所教的內容？也許如此。然而檢視許多課堂教學的結果卻透露，教學往往著重在表面上遵照國定、州定或省定（譯註：加拿大有「省」級行政區，美國無）課程標準所規定的，或者大部頭教科書所包括的諸多內容。甚至在名義上所謂的「有效班級教學」中，我們還是看到教師過度強調短期的內容知識習得，以

利學生能單純地回想而非長期理解。教和學的過程也不幸被高風險績效責任測驗（high-stakes accountability tests）相關的壓力所影響。在許多學校，校方期望教師投入「測驗的準備」以利提高測驗分數。最糟的是，這種狀況導致了劣質的教學——以犧牲更深入探究概念為代價的低層次公式化教學取向。諷刺的是，這類教學方式實際上會損害學生達成高階的學習成就（Wiggins, 2010）。

重理解的設計法針對這些盛行的教學方式，提出合乎常理又周全的替代方法。UbD 的設想是，當教師教導學生理解可遷移的概念和過程時，給予學生多重機會將所學應用於有意義的（如：真實的）情境，長期的學習成就更有可能獲得。透過積極建構意義（如：產生理解），以及把學習遷移到新情境的過程中，學生將學會並且能長期記憶必備的知識和技能。簡言之，當我們把熟練內容當作方法而非目的時，長期而言，學生將學到更多，也更投入於他們的學習。

教學及班級評量方面的理解為本的取向，其支持證據來自於認知心理學和腦科學的研究。《人如何學習：大腦、心智、經驗和學校》（*How People Learn: Brain, Mind, Experience, and School*）（Bransford, Brown, & Cocking, 2000）一書，對於心理學的研究提供了值得一讀的總結。以下是該書幾項重要發現的簡短摘要，這些發現對於 UbD 的具體教學和評量策略提供了概念基礎：

- 有效的學習不僅要求全力專注於勤奮練習，學生也需要在練習的過程中同樣專注於理解及應用知識——這很像是所有優秀教練在運動場或舞台上做的事。在所有領域中，學習遷移需要有學習策略和替代的「行動」。
- 若要廣為應用，學習必須由歸納的原理來引導。經由死記硬背習得的知識很少能夠遷移；當學生理解事物背後的概念和原理，而這些知識可被應用於解決新情境中的問題，則學習遷移最可能發生。帶有理解

的學習，遠比單單從文本或講述來記憶資訊，更有可能促進遷移。

- 專家會先尋求對問題或挑戰的理解，而這常常涉及到從核心概念或大概念（如：基模、主題、模式、理論等等）來思考。新手很不可能根據大概念來組織知識；新手比較可能透過尋找符合其日常直覺的正確方法或適當答案來處理問題。

- 關於專業知識的研究指出，包含領域內多種主題的填鴨式教學，對於幫助學生發展未來學習與工作所需的能力而言，是很糟的方式。強調知識廣度的課程可能會妨礙知識的有效組織，因為沒有提供足夠時間去深入學習任何事物。「一哩廣、一吋深」（a mile wide and an inch deep；譯註：喻廣而不深）的課程則有導致知識不連結的風險。

- 許多評量策略只測驗最近所教的知識，而且從不要求做真實性評量（有情境設限的知識和技能）──了解學生是否知道**何時、何處**和**為何**應用其過去所學的知識。這種取向導致令人驚訝的不良測驗結果，因為學生無法從不熟悉的測驗題目中認出先前學到的知識──尤其當測驗沒有情境的線索或暗示時（例如，教師針對剛才教的教材立即給學生隨堂測驗）。即使實作表現是課程的目的，學校評量也往往沒有針對學生的理解提供有效的評量方式。

「重理解的設計」之原理與實務的其他實證探索，來自新興的學習腦科學（neuroscience of learning）研究（例如：見 Willingham, 2009）。一位有執照的神經科醫師暨中學教師 Judy Willis，指出了這方面研究的教學應用（Willis, 2006）：

- 模式化是指大腦覺知及產生模式的過程，此過程係透過連結所學新舊知識，或者把知識組合成以前未使用過的模式。每次學生以這種方式表現新知識時，代表他們看出關係，產生更大量的腦細胞活動（形成新的腦神經連結），而且達到更有效的長期記憶存取。

- 刺激學生多重感官的經驗式學習，例如動手做的科學活動，不僅最能

讓學生專注，也最有可能把學習經驗貯存為長期記憶。

- 被記得最牢固的資訊，其學習方式是透過各種多元的感官接觸，然後真實地應用知識。

諸如此類的研究發現，為「重理解的設計」提供了概念基礎，而且應該用來引導課程和評量的設計，以及教學實務。

第二節　何謂理解？

即使已被廣泛使用，**理解**（understanding）一詞的微妙程度仍令人驚訝。這個詞有許多涵義。事實上，你可能已經知道，Benjamin Bloom 及其同儕（1956）在分類認知領域的教育目標時，刻意避免使用這個詞，因為其定義並不嚴謹。但是這個詞直觀上代表著更重要的事物——而且就本身而言也不同於精熟內容。

因此，首先我們會建議你停下來思索：**什麼是理解？當我們說要學生理解而不是只知道內容時，我們的意思是什麼？真正的「了解」和只是反芻教師所教，兩者之間有什麼差異？**

如果你像多數人一樣，你會認為這個詞有幾個不同的明確意義。有些意義偏向與概念及推論有關（如：產生連結、看出全貌、掌握核心概念），有些則偏向涉及知識和技能的有效應用（如：教導他人、用自己的話說明、把學習應用到真實情境、向一群人辯護自己的觀點）。這裡，我們只是指出，這個詞是多方面的，理解不同於僅僅「知道」，因此比起只限知識和技能的教學及測驗，理解的目的涉及到更複雜的教學和評量。如果課程的目的在使學生透過設計的課程而理解，那麼我們有必要仔細應用這些意義來計劃課程。

第三節 優質的設計＝「逆向」設計

教學是達成目的的手段，而教學之前須有計畫，因此最成功的教學始於確認期望的學習結果，**以及**能顯示學習已經發生的評量證據。「重理解的設計」透過三階段的「逆向設計」過程支持這個觀點，而這個過程係用於設計包含期望的理解事項，以及要求學習遷移之實作任務的課程單元，然後在更全面的單元設計脈絡下，再發展出具體的各節課計畫。

從期望的學習結果逆向設計課程，並非新穎的想法。早在 1948 年，Ralph Tyler 就倡議此方法是聚焦於教學的有效設計過程；Bloom 的教育目標分類——及 Anderson 和 Krathwohl（2001）最近的修訂版——條列不同類別的教育目標及其要求的評量方式；Robert Gagné（1977）和 Robert Mager（1988）長期以來指導人們，如何分析不同的學習結果及其需要的學習方式；近來，William Spady（1994）則推廣從產出的學習結果「往下設計」（designing down）的概念。

我們架構的逆向設計法雖然不是新構想，但是比起傳統的設計方法，卻能產生更多定義明確又明智混合的短期、長期目標，更多適當的評量方式，以及更有目的的教學活動。如果你同意教育的基本目的之一是學習遷移，上述所言尤其屬實。UbD 的應用關鍵在於了解，我們就像教練或訓練者一樣，必須從應用課程內容的複雜長期實作表現去逆向設計課程，而不是從只需回想內容的各別主題或技能去設計。這類實作表現才是真實專門技能的核心。

換言之，我們要學生**因為**課程設計而非因為自己幸運才獲得理解（understanding by good fortune）；亦即，我們不想只把課程內容和活動教給學生，然後希望他們能了解一二。我們必須把單元設計工作想成車用衛星導航的操作：先找出具體的學習目的，就能夠看到最能引導我們達到目的的教學路徑。

這個觀念乍看似乎很明顯，卻變成對我們課程設計者暨教師的許多根深柢固習慣的挑戰。何故？因為，雖然我們可以輕鬆地說，我們認為應該教什

麼、打算怎麼教，然而我們提出的是更困難的不同挑戰。UbD 不是從內容開始設計；UbD 的起點始於期望學生能應用課程內容做什麼。課程內容的真實應用會是什麼情況？如果學生真的「了解」所學，他們應用課程內容能做的最終口語和實作表現應該是什麼？如果那就是真實的學習狀況，應該教什麼——又該如何教——以利教學能產生流暢的、彈性的、持續的學習結果？

　　我們相信你了解，這些是比最初印象可能暗示的更困難的問題。尤其要指出的是，以學生產生期望的改變起始的這種逆向思考方式，如果想確實達到真實的學習而非只是希望其達成，我們必須仔細思考，有哪些事項可列為真實學習的證據。因此，以下是 UbD 所用三階段逆向設計的簡明摘要。

階段一——確認期望的學習結果

- 所對準的長期學習遷移目標是什麼？
- 學生應該建構哪些意義，以達到重要的理解程度？
- 學生應該持續思考哪些主要問題？
- 學生應該學會哪些知識和技能？
- 所對準的既有目標或標準是什麼？

階段二——決定可接受的評量證據

- 哪些實作表現或作品會透露意義建構和學習遷移的證據？
- 根據階段一的期望學習結果而言，實作表現的評量標準是什麼？
- 針對所有階段一的期望學習結果而言，還必須蒐集哪些其他的證據？
- 學習評量方式是否連結到階段一的所有要素？

階段三——接續設計學習經驗及教學活動

- 哪些活動、經驗和課堂教學，可以使學生達到期望的學習結果並通過評量？
- 學習計畫如何幫助學生逐漸獨立達成學習遷移、建構意義和習得能力？
- 如何監控學生的進步？

- 課程單元如何編排順序和劃分難度（differentiated），以利所有學生的成就達到最大？

- 階段三的學習事件是否連結到階段一的目標和階段二的評量？

表 A.1 是逆向設計邏輯的表解。

表 A.1 逆向設計的邏輯

目的：說明及練習逆向設計的教學計畫及思考。

說明：以三階段逆向設計法摘要某個課程單元的構想。請以駕訓單元為範例。從非學校課業的簡單目標開始，可能會有幫助，例如，成功的「做出旅遊計畫」或「煮一頓飯」。

階段一	階段二	階段三
如果期望的學習結果是要學生……　　　　　　→	那麼，你需要證明學生有能力……　　　　　　→	因此，學習活動必須……
在充斥挑釁分心駕駛的交通繁忙情況下開車，既不生氣也不出意外。	在真實和虛擬的駕駛情況下，都能視交通狀況和其他駕駛的行為，表現防禦式駕駛技巧。	幫助新手有技巧地控制車輛；幫助他們在各種情況下學習及練習防禦式駕駛技巧；以及幫助他們應用幽默感和不同的思考方式等來消除憤怒。

第四節　避免傳統單元計畫的孿生之惡

我們發現，當教師遵循三階段的設計過程之後——無論使用了多少本書稍後介紹的完整版範例——他們更能避免課程設計及教學中太常見的「孿生之惡」。第一惡更廣泛地發生在中小學教育階段，而且可被標註為活動導向

的教學。在這類教學中，教師設計及實施各種活動，但只擔心這些活動是否對孩童友善又有吸引力。不幸的是，這種取向往往把動手做（hands-on）的學習混淆成動腦想（minds-on）的學習。換言之，一堆活動加總起來每每成不了連貫的、有焦點的、生成的（generative）學習。難道我們全不曾看過一些不符合這些標準的課堂教學實例？這些活動就像棉花糖──乍吃之下很愉快，但缺乏長期的實在內容。

更盛行於中學和大學階段的第二惡，被稱為按內容（content coverage）教學。在這類教學中，教學的組成就是帶學生走過教材，不論是教科書或文學作品。恕我冒昧，中學和大學的教學雖然存在有關課程內容的挑戰，但教師的工作並非單純提到書上或某主題的每個重點。我們的工作是排出課程內容的優先順序，使內容有趣又有用，以及「跨內容」（uncover）而教，而非只是「按內容」（cover）來教。教科書的作用是在有焦點又有效用的學習計畫中當作教學資源，它不是課程大綱。我們發現，在協助高年級教師更了解其教學優先順序、如何符合這些順序，以及更明智地使用教科書以達到值得的目標方面，逆向設計是關鍵。

第五節　省思最佳的學習計畫設計

為進一步思考優質課程設計的品質及其對學習的影響，我們建議讀者省思曾參與過的幾個設計最棒的學習經驗，然後從中歸納通則（如果本書是教科書或小組學習用書，我們建議以小組方式反省、分享和歸納所得經驗，然後採用可從網路取得的表 A.5 再做全體的反省和分享）。**你所經歷過設計最棒的學習活動是什麼？無論課程內容或教師的風格是什麼，一般而言，什麼是優質的設計？**我們最常聽到的答案歸納如下。你列出的答案是否和這些想法相符？我們猜測一定有不少相符之處，因為有效的學習計畫設計有共同的特徵。請你在開始設計自己的單元時牢記這些特徵，我們也會在你閱讀及練習本書內容時提醒你。

期望。最佳的學習計畫設計

- 提供清楚的學習目標和明確的期望。
- 以具體有意義的實作表現陳述學習目標。
- 根據真實的議題、問題或難題來架構學習計畫。
- 針對所期望的實作表現或思考呈現模式或範例。

教學。在最佳的學習計畫設計中

- 教師是促導者或教練,以支持或引導學生探索。
- 實施目標所設定的教學及提供相關資源,以便使學生具備期望的能力表現。
- 教科書是眾多學習資源之一(例如,文本是學習資源而非課程大綱)。
- 教師藉由探討主要問題和引導應用知識技能,展現重要的概念和程序。

學習活動。在最佳的學習計畫設計中

- 透過各種活動和學習方法來適應個別差異(如:學習風格、技能程度、興趣)。
- 有不同的學習活動和方法;學生有一些選擇機會(如:分組學習或個別學習的機會)。
- 學習是主動的或經驗式的,以幫助學生理解複雜的內容。
- 在學習中深植「示範—嘗試—回饋—改進」(model-try-feedback-re-fine)的循環過程。

學習評量。在最佳的學習計畫設計中

- 實作目標或其評量標準都不深奧。
- 以診斷性評量檢核先備知識、技能程度和錯誤概念。
- 學生會透過真實情境的應用(如:真實的知識技能應用、實際成品、目標對象)來證明自己的理解。
- 針對學業成就目標,設定學習評量方法。

- 提供持續的、及時的和陳述性的回饋。
- 學習者有嘗試錯誤、省思和修正的機會。
- 期望並鼓勵學生自我評量。

順序和連貫性。最佳的學習計畫設計

- 從吸引學生的事項開始,然後使學生沉浸於真實的問題、議題或挑戰之中。
- 以漸趨複雜的方式,反覆呈現整體到部分、部分到整體的學習內容。
- 以可操作的加量方式,鷹架化(scaffold)學習。
- 視需要實施教學;不會一開始就過度教給學生所有「基本內容」。
- 溫習學過的概念——要學生再思考、再修正之前所學的概念或成果。
- 有彈性(例如,回應學生的需要;修訂內容以達到目標)。

請注意,以活動或按內容為焦點的傳統教學往往欠缺上述這些特質。

第六節　設計的標準

　　如同上述練習結果所顯示,最有效的教學具備了某些核心的共通條件。因此,課程和教學的設計應該反映並重視這些條件——亦即,這些條件會作為建構課程單元的指引標準。藉由採用這些一般的標準(及稍後提到對 UbD 而言更具體的其他標準),我們可以更有目的地檢討及改善單元設計、教學和學生成就。

　　在 UbD,我們把這類標準稱為**設計的標準**(design standards)。這些標準不僅反映我們所知道的常理,也反映關於學習及其最佳實務之研究結果。因此,對於單元計畫及總體的課程設計定期進行正式的自我評量和同儕評論,是明智之舉。這類關鍵的課程檢討是 UbD 的核心要件。根據既有標準積極評鑑我們的工作,我們就更可能使學生投入學習,然後達到高成就水準——非憑好運而是透過**重理解的課程設計**。

設計的標準，將我們在單元計畫中所致力的品質加以具體化。就像作文的評分指標能提示學生如何寫作，並且引導他們自評所寫草稿，UbD的標準對教師也有類似作用。事實上，這些標準有雙重目的：(1)引導自我評量和同儕評論，以找出設計的優點和需要改善之處；(2)提供品質控制的方式（mechanism），也就是驗證課程設計效用的方法。因為有效的評量應該是持續的，而非單元設計結束時才做的活動，所以本書大部分模組都有和這些標準有關的自我評量問題（UbD的標準可在模組B中找到）。

當你閱讀《設計優質的課程單元》一書時可能會發現，把你對於UbD的大概念持續寫在快速紀錄表（running record）或札記本（journal）上是有用的，這些大概念像是：理解、學習遷移、有效的設計、重理解的教學、逆向設計和設計的標準等等。如果你把這本指南用於學習小組（study group）或授課，這些問題和概念將會帶動很棒的討論。

上網去看表A.2的「UbD摘要」（Nutshell），此表格顯示模組A提到關於UbD和逆向設計的所有關鍵概念。你同時會找到表A.3「何謂『理解』？」、表A.4「何謂對特定主題的『理解』？」、表A.5「最佳的學習計畫設計」，以及表A.6「思索『理解』」。

關於本模組概念和議題的更多資訊

《重理解的課程設計》第二版（Wiggins & McTighe, 2005）。「導言」一章概要介紹了重理解的設計法。第13章對於相關的研究有更詳細的摘要說明，也探討了常被提到的關切事項。（譯註：此處指的是原書第二版。）

《重課程設計的學校教育》（Wiggins & McTighe, 2007）。第1章討論教育的任務，包括強調以理解和學習遷移作為基本的教育目標。第4章提出一套可以指引專業行動和決策的相關學習原理。

〈為理解意義而教〉（You *Can* Teach for Meaning）（McTighe, Seif, & Wiggins, 2004）。這篇文章針對重理解的教學，簡要介紹相關研究和理據。

參考書目

Anderson, L. W., & Krathwohl, D. (Eds.). (2001). *A taxonomy for learning, teaching and assessing: A revision of Bloom's taxonomy of educational objectives.* New York: Longman.

Bloom, B. (Ed.). (1956). *Taxonomy of educational objectives, handbook 1: Cognitive domain.* Chicago: University of Chicago Press.

Bransford, J., Brown, A., & Cocking, R. (Eds.). (2000). *How people learn: Brain, mind, experience, and school* (Expanded ed.). Washington, DC: National Academy Press.

Gagné, R. (1977). *Conditions of learning* (3rd ed.). New York: Holt, Rinehart, and Winston.

Mager, R. (1988). *Making instruction work or skillbloomers* (2nd ed.). Atlanta, GA: CEP Press.

McTighe, J., Seif, E., & Wiggins, G. (2004, September). You *can* teach for meaning. *Educational Leadership, 62*(1), 26–31.

Spady, W. (1994). *Outcome-based education: Critical issues and answers.* Arlington, VA: American Association of School Administrators.

Tyler, R. (1948). *Basic principles of curriculum and instruction.* Chicago: University of Chicago Press.

Wiggins, G. (2010, March). Why we should stop bashing state tests. *Educational Leadership, 67*(7), 48–52.

Wiggins, G., & McTighe, J. (2005). *Understanding by design* (2nd ed.). Alexandria, VA: ASCD.

Wiggins, G., & McTighe, J. (2007). *Schooling by design: Mission, action, and achievement.* Alexandria, VA: ASCD.

Willingham, D. T. (2009). *Why don't students like school?: A cognitive scientist answers questions about how the mind works and what it means for the classroom.* San Francisco: Jossey-Bass.

Willis, J. (2006). *Research-based strategies to ignite student learning.* Alexandria, VA: ASCD.

模組 B

UbD 的範例

目的：對 UbD 範例 2.0 版形成初步的理解，並且檢視以此格式撰寫的 UbD 單元實例。

期望結果：單元設計者將理解

- UbD 範例是指引逆向設計的工具，而且（相對於「內容」或活動導向）它把單元計畫的焦點放在理解的目標上。
- 採用三階段的設計過程，使得單元目標、評量和教學計畫更為連貫和連結。
- 逆向設計是一種思考方式，它不僅是填填範例中的表格而已。

單元設計者能夠

- 透過 UbD 範例之透鏡檢視現有的課程單元。
- （終能）以完整的 UbD 範例格式設計課程單元。

你應該學習模組 B，如果你尚未採用 UbD 範例 2.0 版設計過任何一個單元。

你可以略讀或跳過模組 B，如果你更喜歡學習模組 C 和 D，以便更了解「理解」的目標，以及「理解」如何不同於「知道」；或者，如果你希望用簡略的字句草擬單元計畫，而非現在就應用完整的範例。無論何者，你都可以再回到模組 B。

UbD 範例 2.0 版反映了合理的課程原理，為發展有效的單元計畫提供了有用的組體（organizer），而且幫助我們避開單元設計過程中常犯的錯誤。

然而就和任何強大的新程序一樣，採用整套的範例可能一開始會令人覺得不自在或不勝其煩，以至於你可能想要採用模組 D 來開始設計，因為可以用更簡略的範例來草擬一個單元。不過，許多教師發現，靠著練習，UbD 範例將變成「透過設計」的一套思考方式——釐清學習目標及如何盡量達成這些目標。

無論你在課程設計方面的風格或興趣如何，你將發現，要掌握 UbD 的完整方法及其改善學生學習的潛力，仔細練習一遍模組 B 是有用的。表 B.1 顯示 2.0 版的完整 UbD 範例，附帶提供課程設計者應思考的關鍵問題。

UbD 的舊使用者將會發現，這是類似範例的修訂版。範例改變之處及其理由的摘要請見網頁上的「常見問答集」。

在這個模組中，我們更詳細地討論範例的每個階段，而且提供完整的 UbD 單元設計實例。藉由檢視這些實例，你對逆向設計會有更清楚的認識，也會從中得到想法以幫助你設計自己的單元。

第一節　階段一：釐清期望的學習結果

為反映長期學業目標的複雜性（見表B.1），在設計一個 UbD 的單元時，階段一有幾個主要部分必須列入考慮。「理解」當然是關鍵的學習目的，範例也反映了這一點。考慮到我們在模組 A 所討論的「理解」，階段一的空欄位應該合乎其理。「得到理解」有兩個一般的涵義：(1)把所理解的知識和技能有效用於新情境，以達到成功的學習遷移；以及(2)進行推論和領會事物的關聯。我們特別重視在範例中的這項區別：「理解」被分入到「學習遷移」和「意義理解」兩部分；「意義理解」的部分則包括「理解事項」和「主要問題」。

表 B.1　UbD 範例 2.0 版

階段一：期望的學習結果		
既有目標	**學習遷移**	
哪些課程內容標準，以及課程或學校教育使命有關的目標是此單元必須列入的？	學生將能獨立應用其學習，以便…… 哪些類別的長期獨立成就被期望達成？	
	意義理解	
哪些心智習性或跨領域目標是本單元必須列入的──例如，二十一世紀所需的技能或核心能力──這個單元包含在內嗎？	**理解事項** 學生將理解…… 什麼是你要學生特別理解的？學生應該做出哪些推論？	**主要問題** 學生將持續思考…… 哪些激發思考的問題將會強化探索、理解和學習遷移？
	習得能力	
	學生將知道…… 學生應該知道和回想哪些事實和基本概念？	學生將有能力…… 學生應該有能力應用哪些技能和程序？

階段二：評量的證據		
代碼	**評量標準**	
所有期望的學習結果都被適當評量了嗎？	每個評量應採用什麼標準，以評鑑期望結果的達成？	**實作任務：** 學生透過以下證據顯示他們真正理解…… 學生如何透過複雜的實作證明他們的理解（意義理解和學習遷移）？
	不論評量的形式為何，哪些素質最重要？	**其他證據：** 學生透過以下證據顯示他們已達到階段一的目標…… 你會蒐集哪些其他的證據以判定階段一的目標是否達成？

（續下頁）

表 B.1 UbD 範例 2.0 版（續）

	階段三：學習計畫	
代碼	你會使用哪些前測方式來檢核學生先前的所學知識、技能程度和可能的錯誤概念？	前測
各個（或各類）學習事件的目標是什麼？	學習事件 學生依賴以下證據證明成功達到學習遷移、意義理解和習得能力…… • 這三類目標（習得能力、意義理解和學習遷移）是否都被列入此學習計畫？ • 此學習計畫是否反映了學習原理和最佳實務？ • 階段一和階段二是否緊密連結？ • 對所有學生而言，此學習計畫是否都有吸引力和效用？	進度監控 • 你如何在課堂教學事件進行時，監控學生在習得能力、意義理解和學習遷移方面的進步？ • 哪些是可能的困難和學生錯誤的理解？ • 學生如何得到需要的回饋？

一、學習遷移

學習遷移可說是所有教育的長期目標。當你能把先前在一種方式或情境之下的所學，自行應用到另一種情境，你就達到真正的理解和進步。成功的駕駛、足球員、歷史學家或數學家都能夠判別新的挑戰，然後快速有效地遷移所學；只憑死記硬背而學習的人則做不到。

二、意義理解

理解事項是一種「概念」，它來自省思及分析我們的學習：從過去片段的或費解的經驗或學習，產生有意義的重要通則、新洞見，或者有用的了解。理解事項不是事實知識（雖然聽起來好像如此），而是更廣義的「理論」；它是推論的結果——由學生發展及驗證但必要時由教師幫助獲得的概念，這些推論累積成為對學生來講是明白又有用的概念。

例如，在本模組稍後呈現的駕訓單元示例中，某個理解事項是「剎車或反應所需的時間短到不可置信，因此需要保持專注」（見表 B.2）。你真的只能從許多實際經驗，以及對這類經驗的提示性反省來「獲得」理解。就現代

的專門知能而言，要理解相關概念得之不易，無論是關於內容或程序、駕駛或物理學。它們無法「按內容」學習；它們必須「跨內容」學習——被探索和思考——才能夠被理解，因為它們通常不明顯，而且新手經常錯解這些概念。質言之，你必須**擁有**自己的理解，否則它只是在課堂上聽過的無趣句子，對你的駕駛行為沒有明顯價值。

因此，學習遷移仰賴這類的意義建構。我們需要重要又連結的概念以利看出主題、模式或理論，透過這些，我們才能夠理解新情境而不困惑。相較於為開車上路可能遇到的新挑戰做好準備，審慎預測在開車時應做之事和可能的麻煩，能幫助我們更多。作為心智習性之一的深謀遠慮，可以隨時被遷移到需要良好預測力的其他類型挑戰事項，包括那些在運動和人際互動情境中發現的挑戰。

主要問題指向兩種理解。達到理解和應用先前的學習，都要求學生積極進行意義建構的活動。這個過程包括提出及探求最有用的問題、做出推論、形成新的理解事項，以及積極處理學習遷移不遂之後果。學校的功能不只是明白事理，而是幫助學生對探索知識更擅長、更有自信。用以架構所有單元的重大問題都表明了這個教育目的。

主要問題會持續引導探究，藉由它們，我們向學生說明真實的學習是更深入的鑽研；它是主動的、非被動的。如果我們真正投入某個主題的學習，所探求的問題會自然而然出現：為什麼？如何？這是什麼意思？它有什麼關係？它有什麼重要性？接下來呢？這些及其他重要問題都能引起我們自己的意義建構，也幫助我們明白「專家」形成的理解事項之意義和價值。

藉由促使我們在面對新挑戰時尋找類似模式、連結概念，以及思考有用策略，使用主要問題也可以促進學習遷移。因此，如果某個問題能幫助學生在應付新挑戰時，具有更大的焦點、理解和自我效能感，就教育而言，它就是「主要的」問題。理想上，學生最初探索的主要問題，最後會成為他自己用來引導及組織所有學習的主要問題。

駕訓單元示例的第一道問題（Q1）說明了這一點：**為使開車時的風險和**

事故減到最少，哪些是我必須預備和去做的事？（見表 B.2）其次，關於範例，請注意一個你可能尚未想到的事實：**問題就是期望的結果，而非答案**。問題不是只為了課堂教學而設定。學生學習靠自己發問及探索重要問題，才是期望的結果，這可說是所有真正的終身學習之關鍵。

模組 E 對於學習遷移、意義理解、知識和技能的目標，有更詳細的介紹；模組 F 對於主要問題、理解事項，以及如何具體陳述之，有更詳盡的說明；模組 H 則更深入解說如何進行概念的教學。

三、知識技能的習得

簡言之，教學的目的是要學生獲得**知識和技能**。本書的所有讀者都很熟悉知識和技能目標。在此處，你要陳述希望學生在單元教學結束後學到的陳述性知識（事實資訊、辭彙和基本概念）和程序性知識（基本的專門技能或各別技能）。

在 UbD，我們把知識和技能視為深思精練實作表現的必要工具（例如：**方法**），這些知識技能必須以工具的方式來教導及評量——就像運動界和專業領域目前的教學和評量方式一樣（例如：練習是必需但並非充分的學習方法）。學習「內容」的終極目的（例如：**終點目標**）是有效理解意義，並且把先前所學轉換到新的情境中。UbD 範例反映了這樣的學校教育觀。

此處的挑戰不是確認所有可能的相關知識和技能目標，而是把它們精選成主要知能清單。「主要知能」的意義有三方面：

1. **對後來的意義理解和學習遷移而言，這些知識和技能是核心基礎。**我們要避免只列出無助於理解的無用事實資訊或定義。
2. **做計畫，評量學生是否已學會目標的知識和技能。**在階段一的計畫中只納入你想要明確評量及教學的事項，而不是教學所提到的內容。
3. **目標的知識和技能會自然而然符合本單元。**在整個單元為一整體的脈絡之下，對學生而言，這些知識技能的學習不會看起來無關或武斷。

設計訣竅

有些人發現這是有幫助的：把知識目標陳述為單元結束後學生應能自行回想的問題。這麼做有雙重益處：有助於區分事實問題和主要問題，也有助於減少知識目標的數量。此外，如此陳述也指出了階段二「其他證據」部分所需要填寫的內容。

表 B.2　駕駛訓練單元

階段一：期望的學習結果		
既有目標	**學習遷移**	
有責任心又安全地駕駛交通工具。 正確地行駛上路。 遵守號誌、標誌和道路標示。 與其他用路人適度互動。 駕駛時能將風險降至最低。 能從經驗中學習。	學生將能獨立應用其學習，以便…… T1 有禮又心存防禦地開車，避免發生事故或不必要的風險。 T2 針對各種交通、道路和天氣狀況，預備及調整應用安全防禦駕駛的知識。	
	意義理解	
	理解事項 學生將理解…… U1 防禦式駕駛假設，其他駕駛人並不專心，因此可能會做出突然或欠考慮的行動。 U2 剎車或反應的時間短到不可置信，因此需要持續的預備和專注。 U3 有效能的駕駛會不斷適應各種交通、道路和天氣狀況。	**主要問題** 學生將持續思考…… Q1 為使開車時的風險和事故減到最小，哪些是我必須預備和去做的事？ Q2 有禮貌、有防禦力的駕駛人有哪些條件？
	習得能力	
	學生將知道…… K1 其所在州、省或國家的駕駛規則。 K2 合法又有禮貌的防禦式駕駛必須知道的用路規範。 K3 基本的車輛特性、功能和保養要求（更換機油等等）。	學生將有能力…… S1 在各種交通、道路和天氣狀況下落實安全駕駛程序。 S2 表達或溝通意圖。 S3 對突發事件快速反應。 S4 並排停車。

來源：「目標」引自大英國協的駕駛標準局。© 2010 Crown 出版社版權所有。www.dsa.gov.uk.

表 B.2 駕駛訓練單元（續）

階段二：評量的證據		
代碼	評量標準	
學習遷移的所有目標 意義理解的所有目標	● 有技巧的 ● 有禮貌的 ● 防禦的 ● 預備充分 ● 對各種道路狀況反應靈活	**實作任務：** 學生透過以下證據顯示他們真正理解…… 學生有能力把所有各別的學習結果遷移到真實（或虛擬）世界，在各種情況下表現出反應快的、安全的、有禮貌的駕駛技巧，例如： 1. 任務一：在父母師長的監督下，從家裡開車到學校，再開回來。此目標在演示真實情況下能有技巧地、反應靈活，以及有防禦力地駕駛車輛。 2. 任務二：與任務一相同，但在雨天的情況下。 3. 任務三：與任務一相同，但在交通尖峰時段。 4. 編小冊子：以安全有效駕駛的行為準則為題，為其他年輕駕駛人編寫一本小冊子，標題是《新手駕駛須知》。
意義理解的所有目標 技能和學習遷移的所有目標 知識和技能的所有目標；簡單的學習遷移	● 精通駕駛技巧 ● 知識充足（有關的駕駛法規、交通號誌、車輛構造等等）	**其他證據：** 學生透過以下證據顯示他們已達到階段一的目標…… 5. 自我評量實作任務一至三，關於有禮貌的防禦式駕駛和停車技巧。並討論所做的調整。 6. 在不上路的模擬駕駛室中，能表現各別的和整體流暢的駕駛技巧。 7. 不需要教師提示即能找出錄影帶中的錯誤駕駛技巧。 8. 基本車輛構造、功能和必要保養的隨堂測驗。 9. 通過評量道路規則和所適用法律知識的紙筆測驗；通過作為符合階段一的技能和學習遷移目標之指標的路考。

（續下頁）

表 B.2 駕駛訓練單元（續）

	階段三：學習計畫	
代碼	使用問卷和模擬操作對學生的駕駛知識、技能、理解事項和態度做前測	前測
	學習事件 學生依賴以下證據證明成功達到學習遷移、意義理解和習得能力…… 要學生應用其學習，先不上路，之後再上路。實施教學並以增加自主性的五階段法進行形成性評量： • 介紹該技能。 • 該技能在完全指導之下可被表現出來。 • 該技能只有在提示之下才會正確表現出來。 • 該技能在隨機提示之下被正確表現出來。 • 該技能在全無提示之下被一致地表現出來。	**進度監控** • 當學生以不上路方式練習駕駛而嘗試應用所學技能時，教師提供形成性評量和非正式回饋。 • 檢核是否有常見錯誤概念和技能缺失，包括： 1. 無法檢視車鏡及應用邊緣視野。 2. 對於變動的路況未正確反應。 3. 在插入車道和轉彎時無法正確覺知他車速度。
M	解讀路況和車輛狀況。透過每次在虛擬或實際上路練習之後討論主要問題，來促進反省和歸納。每次練習駕駛之後都必須寫書面自我評量。透過錄影教學和駕駛教練示範專家級駕駛技巧，由學生歸納什麼是優良（拙劣）的駕駛。	
A	學習駕駛、道路規範和基本車輛構造的關鍵技能。透過直接教學和錄影帶模擬，提供學生練習的經驗和能力培養，包括如何應付溼的路面、乾的路面、暗路、白天、高速道路、都市和鄉村道路。關於道路關鍵法規的教學指南和練習題也都提供給學生。 個別技能發展及實務練習有下列： 車輛檢查、設備及其操控、安全定位、號誌、速度應用、十字路口、迴轉、高速道路、倒車、急煞、天氣狀況、保全、安全檢查、啟動—前進—停車、車用鏡、事先預測和規劃、其他的交通路線、乘客、行人穿越、轉彎、停車、暗路、法規、載重。	

來源：「技能」修改自大英國協的駕駛標準局。© 2010 Crown 出版社版權所有。www.dsa.gov.uk.

四、課程標準和其他既有目標

這本指南的許多讀者都被法規要求，在設計課程和單元計畫時要納入外部指定的課程標準（如：國定、州定、省定或學區定標準），以及學區或學校的課程目標（如：學校教育使命、二十一世紀的技能、心智技能）。因此，在範例中階段一的表格左邊有這類「既有目標」的特定欄位。此處你應該填入相關的州定或省定標準，以及正式的課程目標。與單元主題相關的學校或學區教育使命目標，也應填入此處。

我們將這些規定的目標列在頁邊用以提醒教師，這些標準在設計單元教學時雖然是重要的考量，但它們往往不是學校教育的目的。如稍後更詳細的說明所示，課程標準如同工程方面的建築法令：法令必須遵守，但它們並未反映任何課程設計的終極目標，也未包含對課程實施對象很重要的每件事項。

將「既有目標」欄置於頁邊的進一步理由是，大多數的州定課程標準都有多層級的各種學習目標。例如，在新版「閱讀的一般核心標準」（Common Core Standards for Reading）中，「關鍵概念及細節」項下的一條標準是「確定文本的中心概念，及其如何透過特定的細節被傳達；提出不同於個人意見或判斷的文本摘要」〔引自《2010年一般州定核心課程標準初行本》（*Common Core State Standards Initiative 2010*, 6th Grade Standards），頁36〕。這本標準隱含許多UbD的要素：關於主要概念和內容摘要的理解事項、各種技能和策略，以及獨力從新文本中找出主概念的學習遷移目標。表 B.3 以表格方式舉例這類既有目標的「分析」，以顯示單元設計者應該如何處理（無法做這類的目標分析，是學校課程及評量不彰的常見原因）。

簡言之，階段一的要素應該被視為互相關聯而非各自獨立無關。階段一的視覺化表格意在提醒教師兼教學設計者，課程標準為必需但非必要，習得知識和技能是達到理解之目的的方法，主要問題則是任何強調意義理解和學習遷移的學習活動之核心。

表 B.3 分析階段一的課程標準

階段一：期望的學習結果		
既有目標	**學習遷移**	
英語科的一般核心標準（閱讀） **關鍵概念及細節** 1. 摘錄文本的論點，以舉證對文本表面文意和從文本所做推論之分析。 2. 確定文本的中心概念及其如何透過特定細節被傳達；提出不同於個人意見和判斷的文本摘要。 3. 追蹤及評斷文本中的論點和特定主張，區辨這些主張是否受到推論和證據的支持。	學生將能獨立應用其學習，以便…… ● 在教師未提示、未提供鷹架之下，摘要文本的證據（及來自文本的推論），以支持對最新閱讀的非小說所做的文本大意分析。 ● 判別某文本的核心概念，先提出無評斷的中立摘要，然後再做評斷。	
	意義理解	
	理解事項 學生將理解…… ● 文本呈現論點，而不只是事實和意見。 ● 讀者的第一個任務是了解作者的論點，而後評論之。 ● 論點的關鍵部分可能隱藏在文本中，因此需要做推論。	**主要問題** 學生將持續思考…… ● 作者的觀點是什麼？他如何支持自己的觀點？這些支持的效度如何？ ● 如何以最佳方式摘要文本？ ● 我同意作者的觀點嗎？
	習得能力	
	學生將知道…… ● 文本內容且熟到足以正確重述其大意。 ● 文本中的關鍵詞彙。 ● 有效論點的要素。	學生將有能力…… ● 提出中立的摘要。 ● 找出論點中的邏輯。 ● 評論文本中的論點之優點。 ● 應用閱讀策略找出主概念和作者的意圖。

來源：「目標」© 國立州長協會之最佳實務中心和州立學校主管官員委員會。版權所有。

　　請回顧表 B.2，駕訓課程計畫的階段一。留意各種要素如何一起作用，以幫助界定此單元設計的目標。

第二節　階段二：確認所需評量證據

　　在階段二，教師必須「像評量者一樣仔細思考」，考量在階段一設定的

知識、技能和理解方面需要哪些證據以判定學生所達到的程度。的確，逆向設計的精髓是有邏輯地找出對評量（階段二）、對後來的教學（階段三）有意義的目標（在階段一確認的）。UbD 範例體現了這個邏輯。現在請回頭檢視表 B.1 的階段二概覽。

如果你做過線上的「何謂『理解』？」練習（表 A.3 和 A.4），你已經知道象徵已理解與未理解的評量證據之類別。一般而言，如果學生真的理解某個事物，他們就能以某種實作表現來有效應用及說明。「實作表現」不是指機械式、照本宣科的反應，或者不用心地填上記憶過的公式。再者，我們期望學生將他們的知識有智慧地彈性應用到新的複雜情境中，其中需要以內容做高階思考。所謂「說明」，我們尋求的不是只有重複記誦。我們期望學生能夠用自己的話來說明，為其答案提出有證據的理由，引用文本來支持他們的立場，展現他們的學習，以及為所提出的解答而辯護等等。因此，如同設計範例階段二部分的說明，在評量學生的理解程度時，通常必須用到至少一項這類的評量任務（本書稍後會提出一個涉及理解的六個層面、且有更多細微差異的概念，目前，我們只想讓它保持單純）。

重理解的評量要求教師選擇或設計評量任務。此評量任務要求學生根據階段一「學習遷移」和「意義理解」欄所列出的理解事項，來證明自己達到的程度。由於這類評量的特色是「開放式」（例如，它們通常沒有單一的或最後的答案、方法），因此我們需要採用評量標準來評斷學生的回答。這些標準列於設計範例具體評量方法之前（而且在實施教學之前就轉換成更具體的評分指標）。為何先列出評量標準？因為此標準所連結的具體任務，可回溯到階段一（更概括的）「期望的學習結果」。例如，看看駕訓單元的連結方式：評量標準——有技巧的、有禮貌的、防禦的、預備充分等——應用到**所有**與駕駛有關的準實作表現；它們明顯回溯連結到學習遷移的目標和其他的期望結果。

在階段二列舉實作任務之下的空白處，列出的是更傳統的其他評量方法，此欄名稱是「其他證據」。在此，可將不納入實作任務的知識、技能、標準

和其他目標之評量方法填入。例如，如果你想知道學生是否**學會**乘法表或世界重要都市，你可以採用單選、配對、簡答、是非、填空題等之類的客觀測驗題，以有效方式取得所需的評量證據。同樣地，你也可以採用技能檢核表或簡易示範來評量各別**技能**的熟練度；或者，你可以要求針對一個以上的主要問題寫申論題，以測量學生是否達到理解。但不要只是徒具形式：首先，應摘要評量方法將提供的**證據**（例如，「隨堂測驗可證明學生能記得數字及解答減法的簡單問題」）。

重要的是了解到，獨立的或各別的知識和技能測驗，永遠不是符合高階思考和長期階段一目標的最重要的總結性證據。學習的長期目標是學習遷移，而不是對測驗問題的按指示回答。如同足球的練習或寫作中的五段式作文，大多數的測驗題目都是達到學習遷移的**方法**，而非**目的**。它們是真實能力**必要但非充分**的證據。

讓我們回到駕訓單元的例子，然後檢視表 B.2 的完整階段二範例。由於最終目的是「成功上路駕駛」，因此我們需要包含真實或虛擬路況在內的評量方法（寫在「其他證據」欄，超越紙筆測驗且針對特定技能的獨立習題）。此例說明了關於所有評量方法和逆向設計的關鍵：欲從學習結果得到有效的推論，評量方法必須無例外地針對特定目標提供適當的評量。它不能只是任何過去曾達到的表現，它必須是學生「學會」之後才能做得好的實作表現。當我們問：「這是有效的評量方法嗎？」那就是我們在教育領域所指的。我們真正的意思是：「這項評量的結果，能否讓我們有信心地判定階段一的目標是否已經達成？」（在模組 F 將進一步討論效度。）

這就是階段二（和階段三）最左邊「代碼」欄的重點。不論你只填入查核碼 T、M 或 A〔分別代表學習遷移（transfer）、意義理解（meaning）、習得能力（acquisition）〕，或者填入更詳細的代碼（如：T1、M2、EQ2，以標示階段一的特定要素會被列入評量），對於確保評量方法能反映教學目標，以及所有目標都被納入評量計畫之中，代碼欄能幫助你更加自我約束。

第三節 階段三：發展學習計畫

在階段三，我們設計最適當的學習經驗和必要的教學活動。逆向設計的邏輯要求學習計畫必須連結目標（階段一）及其所對應的評量方法（階段二）。UbD 範例透過階段三和階段二都有的第一欄，標示此特點；亦即，我們致力於檢核所計劃的學習事件能實踐教學目標和學習原理，而這有助於避免前面所說的，只重視按內容教學或活動導向教學的「學生之惡」。

請一併注意，就最廣義而言，階段三表格的上方和旁邊都有填入形成性評量方法的空間：單元開始前的前測，以及列在右邊對學習進步情形的持續監控方法。學術研究的結果明確支持以下常理：好的單元設計不是死板的計畫，而是彈性的架構，此架構讓我們總能做好根據回饋而調整的準備。弔詭的是，在最佳的教學設計裡，我們是為了因應需要而**計劃**、為了調整而計劃。極多數的單節、單元和科目課程設計都過於死板──未能因應學生的困惑、技能缺失或錯誤理解（這個問題因為訂定進度的課程指引而惡化，因為它只重死板的教學進度，而非幫助你無論有何意外干擾都能達到目標）。新版的階段三表格能促進教學設計者考慮易出錯的地方，並且**及早**在單元計畫做出監控和調整。

你可能會疑惑，為什麼診斷性和形成性評量方法未列入階段二。其理由和這類資訊的目的有關：不同於階段二所要求的總結性評量證據，前測和持續監控的重點在提升學習，因此我們認為把它們列入階段三的設計會更合理。

在草擬單元計畫時，學習活動不需要設計成安排所有細節的完整單課計畫，單元設計的要點是概述較大的全貌，確認哪些學習事件必須納入，以達成階段一所列的期望結果。然後，你就可以確信每日的單課計畫是充實的，因為它們完全反映較長期的最重要課程目標。本模組稍後提供的單元實例反映了這個重點：階段三例子中歸納的學習事件，與階段一的三種不同目標有關。在做後續更詳細的單課設計這項最後工作時，對於連結教學計畫和目標、

評量，你會從這份有效活動選擇的摘要產生更大信心（對於以下某些實例，我們在線上參考資料中提供了幾個完整單課計畫的例子）。

一、單元設計的標準

我們在模組 A 提到，單元範例的撰寫有一套自我評量和同儕評論的設計標準，此標準歸納迄今對於設計範例及其要求事項所提到的重點。如果你養成習慣，在聲稱完成單元設計之前，就根據這些標準查核幾遍，你的課程設計會比只是寫一次草案更優異許多。作者的責任不是只從導言寫到結尾，他必須經常來回檢視，以確保內容反映寫作目的和故事完整性。藉由經常採用設計標準來分析整個單元，能幫助你養成習慣。單元設計標準請見表 B.4。

二、UbD 使用前後之實例

發展學生理解力的有效教學技術，包含向學生呈現概念、原理或過程的正例和反例。透過分析及比較與反例呈對照的正例特徵，學生可以深化他們對關鍵概念的理解。相同的過程也適用於你——讀者，而不只是學生。因此，我們提供以下有短評的「前後對照」正例，以幫助你更了解 UbD 範例的價值，以及許多典型學習單元的缺點。

在社會科單元的「未用 UbD」舉例（表 B.5），我們可以看到一系列欠缺明確目標或有條理概念的學習活動。某個「未用 UbD」的代數單元（見線上資料表 B.7）也反映了不同成因的相似問題——此單元活動只是反映走過一遍教科書內容及主題。表 B.6 社會科單元（已用 UbD）和表 B.8（線上資料）所示的代數單元（已用 UbD），提供了更挑戰知識、更有焦點，以及更連貫的學習經驗。取代圍繞某個主題而鬆散貫串起來的活動，如今修正後的活動對重要概念及問題有清楚焦點，單元目標和評量的連結也更緊密，階段三的學習活動也更有目的，更具吸引力。

表 B.4 單元設計標準

要點：3 ＝符合標準；2 ＝部分符合標準；1 ＝尚未符合標準

階段一	3	2	1	回饋和指導
1. 所列學習遷移目標指出了期望達到的長期真正成就。				
2. 所指出的理解事項反映了可遷移的重要概念。				
3. 所指出的理解事項以完整句的通則來敘寫，例如：「學生將理解……」。				
4. 主要問題是開放式的，而且能激發思考。				
5. 所有三個階段都明確提到相關的標準、任務或課程目標。				
6. 所列出的知識和技能都是必需的，以便因應既有課程目標、達到目標的理解事項，以及促進有效的學習遷移。				
7. 所有要素均加以連結，因此階段一是有焦點且連貫的。				
階段二				
8. 所列評量方法對所有期望的學習結果都能提供證據；亦即，階段二與階段一是連結的。				
9. 所列評量方法，包括根據一個以上理解層面而設計的真實學習遷移任務。				
10. 所列評量方法提供學生足夠機會來表現在階段一目標方面所達到的程度。				
11. 每個評量方法的評量標準都可連結到期望的學習結果。				
階段三				
12. 適當的學習事件和教學將幫助學生 (1) 習得目標的知識和技能。 (2) 理解重要概念。 (3) 把學習結果遷移到新情境。				
13. 包含 WHERETO 要素，因此此單元課程對所有學生而言可能都是有趣的、有效的（WHERETO 的說明見線上表格 A.2）。				
總結				
14. 三個階段是連貫的、連結的。				
15. 對此教學情境而言，本單元的設計既可行又適當。				

表 B.5　未用 UbD 的社會科單元

主題
向西遷徙和墾拓者的生活
社會科——三年級
活動
1. 閱讀教科書〈大草原的生活〉這一章，然後回答此章後面所附的問題。
2. 閱讀及討論《又高又醜的莎拉》（*Sarah Plain and Tall*）這本書，然後完成取自該故事詞彙的墾拓者字謎遊戲。
3. 製作一個墾拓者生活的記憶盒，裡面裝著對孩子來說，可以反映西部之旅或大草原生活的人工製品。
4. 參與大草原日之活動：穿上墾拓者的服裝，然後完成下列七道學習關卡。
(1) 攪拌奶油
(2) 玩十九世紀的遊戲
(3) 以封蠟寄出一封家書
(4) 玩「裝扮墾拓者」的電腦遊戲
(5) 做一個玉米棒娃娃
(6) 縫被子
(7) 錫罐穿洞
評量
1. 取自《又高又醜的莎拉》的墾拓者詞彙隨堂測驗
2. 回答本章後面關於墾拓者生活的問題
3. 展示及說明記憶盒的內容
4. 在大草原日完成七道關卡的學習活動
5. 學生對本單元的反省

來源：© 2004 ASCD 版權所有。

三、單元設計實例

　　請研讀以 UbD 範例多頁次版本所設計的其他單元短例。再次提醒，在空白範例的任何方塊中，可以自由寫下你對所設計單元的想法，也請了解，當你隨著設計過程閱覽本書的所有模組，我們也會更詳細地說明每個要素。這些單元實例可從線上取得，並可視需要下載。

表 B.6　社會科單元示例

階段一：期望的學習結果		
既有目標	**學習遷移**	
1. 學生針對他們從歷史文獻、親身見聞錄、口述歷史、信件、日記、人工製品、照片、地圖、藝術品和建築中所遇見的歷史記事提出問題。 2. 追溯為什麼他們的社區會建立起來，個人及家庭對社區的建立和發展如何做出貢獻，以及就地圖、照片、口述歷史、信件、報紙和其他第一手資料來源所載，說明社區如何隨著時間而改變。	學生將能獨立應用其學習，以便…… 1. 找出、比較和批判不同的歷史記述。 2. 獨力比較大草原上墾拓者和今日「墾拓者」的生活。 3. 用更大的觀點和同理心來看待不同文明、文化和人群的互動。	
	意義理解	
	理解事項 學生將理解…… 1. 許多墾拓者對於遷徙西部的機會和困難有著天真的想法。 2. 人們為不同的理由而遷徙——為新的經濟機會、為更多的自由或為逃離某些事。 3. 成功的墾拓者依賴勇氣、聰明，以及合作來克服困難和挑戰。 4. 西部殖民威脅了生活在大草原的原住民部落之生活型態和文化。 5. 歷史涉及到理解不同的「故事」。	主要問題 學生將持續思考…… 1. 人們為什麼遷徙？墾拓者為什麼要離家朝西部遷居？ 2. 地理和地形如何影響遷徙和定居？ 3. 什麼是墾拓者？什麼是「墾拓者精神」？ 4. 為什麼有些墾拓者能生存繁衍，有些墾拓者則否？ 5. 這是誰的故事？ 6. 當不同文化互動時會發生什麼事？
	習得能力	
	學生將知道…… 1. 關於向西遷徙和大草原生活的關鍵事實。 2. 有關墾拓者的詞彙。 3. 基本的地理（如：墾拓者的遷徙路線及其定居的地點）。 4. 關於草原區美國原住民部落及其與殖民者的互動之關鍵事實資訊。	學生將有能力…… 1. 利用（指導下的）研究技巧來發現墾拓者在篷車隊和大草原上的生活。 2. 以口頭和書面方式表達研究發現。

（續下頁）

表 B.6　社會科單元示例（續）

階段二：評量的證據	
評量標準	**學生透過以下證據顯示他們真正理解……**
● 符合史實 ● 建構良好 ● 有啟發性、有知識性 ● 很詳細 ● 說明清晰 ● 技術上健全	**實作任務：** 需要的證據是學生有能力歸納墾拓者的經驗。構想為： 1. 創造一場包括人工製品、圖畫、各篇日記的博物展示，以描述定居在大草原的某個家庭其「一週生活」。（今日民眾對於大草原的生活和向西遷居有哪些常見的誤解？）說明地理和地形如何影響墾拓者的遷徙和定居。 2. 一天寫一封信（每封信代表一個月的旅程）給某位「遠在東部」的朋友，描述你在篷車隊及大草原上的生活。說出你的希望和夢想，然後說明在邊境生活的真實情況（學生也可以畫圖及口頭方式說明）。 3. 向教師、家長或助教人員做正式口頭報告：模仿博物館講師就第十九、二十或二十一世紀的墾拓者展覽進行演講。我們的墾拓者是怎樣的人？現代的墾拓者和那時生活在大草原的人們像不像？ 4. 想像你是年長的部落成員，曾經親眼目睹墾拓者在平原的定居過程。請向八歲孫女訴說關於這些殖民者如何影響你的生活之故事（這項實作任務可以採用口頭或書面方式完成）。
● 說理充分 ● 敘述甚佳	**其他證據：** 1. 以口頭或書面方式回答主要問題的某一題，回答時使用有情境背景的墾拓者語彙。 2. 以繪圖顯示墾拓者的艱困生活。 3. 關於向西擴展、大草原生活、基本地理的測驗。 4. 說明記憶盒的內容。 5. 以生活在大草原之美國原住民有關事實為題的隨堂測驗。
階段三：學習計畫	
關鍵學習事件和教學之摘要	
學習遷移和達成理解目標的關鍵是：就主要問題而言，學生需要協助以進行大草原日、閱讀和其他事件的學習。教學目的在使學生以自己的話說出大草原的生活像什麼，以及當時的墾拓者和現在的墾拓者之比較。	

（續下頁）

表 B.6 社會科單元示例（續）

1. 前測：使用「K-W-L」來評量學生的先備知識，以及找出更多由學生認定的本單元學習目標。

2. 修正大草原日的活動（如：以「奧瑞崗第二條小徑」取代「裝扮墾拓者」的電腦模擬遊戲，然後要求學生播放模擬結果時要加上與主要問題有關的學習日誌）。教師以主要問題為問答來源，協助學生進行草原日的模擬活動，學生應該了解和熟悉這些問題，並且被鼓勵自行思考。

3. 包括其他小說的閱讀，這些閱讀能連結到所確認的課程內容標準和理解事項，例如：《草原上的小屋》（*Little House on the Prairie*）、《罐中的奶油》（*Butter in the Well*）。加入非小說資源以適應學生的不同閱讀程度，例如：《奧瑞崗小徑上的生活》（*Life on the Oregen Trail*）、《女墾拓者的日記》（*Diaries of Pioneer Women*）與《達科他獨木舟》（*Dakota Dugout*）。指導學生使用不同的學習資源來研究這個時期。把所有閱讀教材都連結到主要問題。

4. 以習得知能和理解為目的，要學生創作某個墾拓者家庭其向西旅程的時間線地圖。

5. 幫學生做學習遷移的準備，要他們就「所有人在某些方面來說都是墾拓者」的想法做發想，並且研究現今的墾拓者。

6. 籌劃一個模擬美國草原區原住民部落的長老會議，以使學生考慮不同觀點，進而對被遷離的美國原住民產生同理心。討論：「當受到土地重分配的威脅時，我們應該怎麼做──戰鬥、逃跑或同意遷徙（到保留區）？每種行動對我們的生活會有什麼影響？」

7. 教師提供圖形組體和提示以幫助學生反思，關於墾拓者本質及其與原住民之間文化互動之影響的閱讀教材和學習事件。

8. 在學生開始進行實作任務之前，檢討記憶盒、博物展示、寫信、寫日誌的評分指標。給學生機會來研究這些成品的例子。

來源：「目標」© 2000 加州教育局版權所有。
來源：© 2004 ASCD 版權所有。

不同年級、學科和主題的單元設計實例，可從線上取得。表 B.7 顯示未用 UbD 的代數單元；表 B.8 顯示採用 UbD 之後的代數單元。其他的單元實例同樣可以線上取得：表 B.9 是音樂單元，表 B.10 是語文單元，表 B.11 是氣候單元，表 B.12 是視覺藝術單元，表 B.13 是健康與體育單元，表 B.14 是歷史單元，以及表 B.15 是時間單元。

關於本模組概念和議題的更多資訊

《重理解的課程設計》第二版（Wiggins & McTighe, 2005）。第 1 章討論單元設計的逆向設計方法。第 11 章說明最初的 UbD 範例，並且呈現「未用」和「已用」UbD 的幾何學單元教案。

《重課程設計的學校教育》（Wiggins & McTighe, 2007）。第 1 章討論教育的任務，以及指出州定課程標準如何在最高目標上以學習遷移為目標。第 2 章討論課程的長期目標是理解和學習遷移。第 3 章則說明如何發展這類課程。

參考書目

Wiggins, G., & McTighe, J. (2005). *Understanding by design.* (2nd ed.). Alexandria, VA: ASCD.
Wiggins, G., & McTighe, J. (2007). *Schooling by design: Mission, action, and achievement.* Alexandria, VA: ASCD.

起始點

目的：考慮自己的風格、興趣和需求，為單元設計思考適合的起始點和順序。

期望結果：單元設計者將理解

- 本書或 UbD 範例都不要求使用固定步驟的設計方式。雖然設計範例對設計的成品有邏輯結構安排，但它不要求逐步的設計過程。

單元設計者能夠

- 根據他們的風格、興趣和單元主題，更有效地決定從何處開始和如何進行，以及如何完成具體的單元設計。

你應該學習模組 C，如果你不確定單元的範圍和方向，或者如果你對於從何處開始，以及如何進行課程設計，想要得到一些想法和建議。

你可以略讀或跳過模組C，如果你熟悉逆向設計，或者作為單元設計者，你對自己的方法覺得很自在。在這種情形下，你可以跳到模組 D 去草擬一個單元，或跳到模組 E 去著手設計完整範例格式的單元。如果你對自己的設計技巧及方法覺得很自在，但不確定到底要如何有效設計一個強調理解的單元教案，你可以向後跳到本模組第二節「課程設計的抉擇」部分，從關於單元範圍的「問題 3」開始著手。

如同學生，教師也個個不同。教師的差別在於所教的學科和年級，以及課程設計的先前經驗、設計方法、興趣和需求。因此，本書的內容會盡量有彈性。

各模組的結構也同樣因應不同的設計和學習風格而調整。你可能偏好按步驟設計，或者你可能是那種全部事情一起做的非線性風格設計者之一。本書所有模組的編寫及組織都允許這種彈性，如果你回頭參考〈導言〉章的「模組一覽」（表1），會發現尤其如此。你可能喜歡混用：按部就班遵循每個模組一陣子，後來設計單元時發現有其必要，就改回使用較早用過的模組。而模組的獨立自足特性也允許這樣做。

你可能已經注意到，每個模組的開頭都先列出建議事項，以便讓你了解這個模組是否適合這個階段的工作，或者換用另一個模組會更有成果。簡言之，在這本指南中，你可以按順序用、反覆再用，或者跳著使用其中的模組，只要你一直都清楚最後的成品——以UbD範例設計良好又內容連結的單元，這裡提供的範例對你偏好的設計方法應該都管用。

第一節　「成品」對「過程」

不論你的課程設計工作做得多麼得心應手，都要留意一個常見的錯誤概念：認為本書的內容架構和邏輯，以及UbD範例是在指引課程設計的順序和過程。並非如此。這本指南呈現課程設計範例的樣貌，而這些範例為你的設計工作的最後成品提供了工具。比起最後成品，創作的過程在全部的設計要素中，總是更為雜亂和反覆。

UbD範例的「過程」和「成品」之間關係的一個簡單類比是，任何料理書中所印出的食譜。料理書的讀者可以輕鬆了解和照做料理的原因，是因為廚師已經確認過需要完成的程序。但這種把食譜當作成品呈現的邏輯方法，幾乎總是把食譜從設計、試驗、修正到完成的雜亂又反覆的過程隱藏起來。坦白說，廚師並未照著食譜來創作食譜！永遠不會有為創意的、有效的設計而做的食譜，無論目的是設計一餐、一棟建築或一個課程單元。再者，食譜或藍圖——就如以UbD範例寫成的完美單元——反映的是以易讀易用形式呈現的最終成品。

請用比較接近於學術著作的觀點,思考某文本最後付印版的頁碼編排工作,以及使一本書成形的相對循序寫作過程。作者極不可能從最後完稿所見的最前幾頁開始寫起,事實上,隨著一本書的成形,導言那幾頁可能完成於書寫過程的最後期。單元設計也是一樣。可能在過程中的相當後期,我們才會對自己詳述單元的要點,亦即我們所追求的理解**事項**。當然,之後這個單元必須修正以說明其構念。

第二節　課程設計的抉擇

儘管留意到讀者風格的差異,我們還是能根據與數千名來自各年級、各學科教師的合作經驗,從中找出幾個有效課程設計的途徑。如果你能考慮以下九個問題,對自己的風格、興趣、需求和期望做簡要的自我評量,我們的建議會更有效。

1. **你是哪一類的設計者?**你比較偏好逐步設計的方式,或者你喜歡先考慮整體,再草擬某些想法,而這些想法你會一直反覆修正?如果你是後者,你可能更想從模組 D 開始。在模組 D 中,你會做出一個單元的大致草案,只概括考慮三階段的設計,而非範例中的所有細節。然而,如果你喜歡一項項填寫範例——完整的 UbD 範例,你可以省略模組 D,直接跳到模組 E,在模組 E,階段一所考慮的細節會更多。

2. **你會強調哪一類的學科學習目標?**你教的學科可能會影響你的課程設計,例如,所教學科非常著重技能發展(如:語言、外語、數學、體育、職涯和科技、音樂和藝術)的教師常會發現,在更投入於處理主要問題和理解事項之前,從仔細思考學習遷移目標著手,會比較得心應手。相反地,所教學科向來著重概念和內容知識(如:歷史或社會科、文學主題、科學或藝術的概念)的教師,往往偏好一開始就著重主要問題及其應用。

3. **你的單元的範圍是什麼?**你知道 UbD 的目標是學生的理解,因此把單元

的焦點放在脈絡外（out of context）的少數次要事實或簡單的次技能上，可能是不明智的。理論上，以學生的理解為目標的最佳單元涉及到探究、質疑、議題、主題或問題，而這些都要求學生必須理解某些事物到達足夠的範圍和內涵，才得以做深入探索。這類探索會讓一個單元必須強調有意義的議題、問題或實作表現所需的關鍵原理、核心程序、某個重要文本，或者各種技能的策略性應用。換言之，最佳單元並不強調事實或技能，它們著重如何使用相關事實或技能以達到理解。因此，表 C.1 的概念在選擇有價值的起始點方面會有幫助。

4. **最好是從設計新單元著手或從修正舊單元開始？** 有時學習新方法的最佳方式是所謂的「拿張白紙」全新開始。但有時 UbD 的初學者也發現，從

表 C.1 單元設計的起始點

起始點	非起始點
包含學科內容知識、技能和高階思考及應用的「大型」州（省）定課程標準（如：「創意寫作」或「重新組合和分析因素以解決問題」）	著重在各別技能或內容目標的「短淺」標準、基準或指標（如：「十四行詩」或「結合律」）
值得理解的重要持久概念（如：模式能幫助我們檢驗可能的結果或效果）	最喜歡的學習活動（如：以小蘇打粉和醋製做火山模型）
帶有主要問題、必須持續重溫的主題（如：這是誰的「歷史」？我必須多精確？文化如何形塑藝術，或者藝術如何形塑文化？）	有事實資訊答案的問題（如：鐵的化學符號是什麼？什麼是頭韻法？分數如何相加？）
由評量結果透露的學習表現缺點（如：學生對主要概念無法做出推論，或者無法解決多步驟或非例行性數學問題）	評量結果所透露的基本知識或技能缺失（如：詞彙、涉及借位的二位數減法）
值得理解的持久概念——普遍的主題、理論或詮釋基模（如：「權力的腐敗」）	關鍵的事實、定義或短篇閱讀
使用許多重要技能的有效過程或策略（如：進行科學探究）	單一的重要過程（如：使用顯微鏡）
對複雜議題或問題的探究（如：針對永續能源選擇的 WebQuest 網路探索活動）	只需要練習的基本技能（如：操作鍵盤）

他們很熟悉的既有單元開始，透過 UbD 的透鏡再重新架構之，會更為容易。其實兩者皆可（當然，也可以從你不擅長的單元開始，你就會有點動機想透過 UbD 改進它）。

因為單元設計是有挑戰性的工作，因此考慮你的興趣和動機也是明智之舉。對於運用 UbD 概念構想一個新單元的這個想法，你會覺得熱中嗎？或者，你想要處理和某方面缺點有關的更實際需求──不是你自己的設計問題就是學生學習表現問題？你會想要藉由發展示範的單元來探索 UbD 嗎？或者你的目的是利用 UbD 任何有用的工具和技術來改進現況？ 如果你喜歡一有機會就做「箱外」（out-of-the-box）思考，就去做吧！如果你更講求實際，或者被環境所迫必須改善某個非常特別的「現狀」，就從那裡做起吧！再者，唯一要緊的是，所做決定是經過深思熟慮而且提供了絕佳機會。哪一個起始點都好，但你必須堅持所做決定。

5. **哪方面的需求可能要納入？**標準化測驗或學區（課堂）評量的結果，往往會透露學生學習表現方面的重要問題；這類資訊提供了有用的起始點。在學生學業成就方面，是否有和關鍵目標有關的長期缺點亟需解決？這可能是處理它們的理想時機。目前已用過的無效對策是什麼！對於學生學業表現長期存在的缺失，為什麼不嘗試一些新穎的思考？例如，許多教師想要改進學生的批判思考，而其理由很好：測驗結果和課堂觀察顯示，學生（甚至是許多學業成績優良的學生）在學習方面是欠缺批判能力的。因此，為什麼不從你刻意鎖定批判思考目標的單元開始？在這個單元會應用到學生一向苦於應付的核心學習內容（或某些其他的高階程序），例如，摘要某個文本、發展合理的論點或假設，或者解決非例行性問題。表 C.2 提出一些我們歷年來遇到的常見「問題陳述」。也許其中之一能為你的設計工作提供更清楚的指引。

6. **我必須從一個單元開始嗎？**無論有些起始點看起來多麼富有成效，討論單元設計起始點這件事也許會令你覺得有點不自在。「難道在著手設計特定的單元之前，我不應該先澄清要教的課程，以及我對課程或學年的

表 C.2 常見問題陳述

從下列找出一項你同意的陳述，然後根據你的選擇來架構單元目標。或者，你可以加上
自己的陳述或修正任何一條以適合自己所需。

什麼是你常常觀察到的學生表現和行為

1. 學生在評量上的表現差到令人洩氣，尤其是在需要深度理解和學習遷移能力的問題
   （任務）方面。

2. 我的學生似乎不知道在課堂上什麼是重要的事；他們似乎不清楚整個學期的優先事項
   和自己的基本責任。

3. 我的學生在學習上非常消極被動，他們對於解決自己的問題、提問題和批判思考，都
   有很大的困難。

4. 我的學生不明白學會理解是我的教學目標。他們認為需要做的只是給出「正確」答案
   （或從別處找到答案），他們認為學習就只是回想，而教師的工作就是灌輸，當我試
   著要他們為答案辯護或更深入探究時，他們就會抗拒。

其他：

什麼是你認為可能為真的課程設計缺點

5. 我們比應該做的更傾向於表面上「按內容」教學（即使課堂教學應該涵蓋有趣的討論
   和學習經驗）。

6. 我們的課堂教學有許多「活動」，但它們往往缺乏學生應知道的總體學習目標。課堂
   教學有時就只是一堆不同的孤立學習經驗。

7. 在評量上，我們要求學生做太多的「習題」卻沒有做足「該做的評量」。在我們的評
   量中，高階的實作評量太少；測驗的焦點主要是在 Bloom 教育目標分類表的前兩個層
   面：回想、再認，然後用上先前的學習。

其他：

目標嗎？」「難道那不是最有邏輯的要做之事？」

　　我們的答案乍聽之下可能會讓你覺得不一致，但它牽扯到先前所提的「邏輯成品」對「邏輯過程」。理論上，當然你是正確的。單元設計在邏輯上必須來自先前既有的課程大綱或學年目標，以及來自使學年課程編排與學生教育最終目標產生關聯的課程架構。然而我們發現，對 UbD 的初學者而言，從這類通則且抽象的層次開始，雖然合邏輯，但對於理解和改進單元設計卻沒有太大幫助。在處理更大、更困難的 UbD 課程大綱設計，或幼兒園至高中（K-12）課程規畫的任務之前，先設計一、兩個單元，可能會讓你覺得比較有效，且不致不知所措。針對這些「巨觀」（macro）課程問題的較長討論，請見《重課程設計的學校教育》（Wiggins & McTighe, 2007）第 2、3 章和《重理解的課程設計》（Wiggins & McTighe, 2005）第 12 章。

　　只要你能就目前的課程目標、州定課程標準或學校使命，輕鬆辯護最初的單元課程焦點，就會有信心相信，從單元設計著手將對你很有利。對那些堅持優先考慮整個課程架構的人士，我們大力推薦你們閱讀《重課程設計的學校教育》（Wiggins & McTighe, 2007）的前三章，並且參考《重課程設計的學校教育：ASCD 行動手冊》（*Schooling by Design: An ASCD Action Tool*）（Zmuda, McTighe, Wiggins, & Brown, 2007）的相關資料，這些資料描述從學校使命和長期課程目標逆向設計「巨觀」課程的方法。

7. **若從一節課開始呢？** 如果你的經驗基本上是設計每日的課堂教學活動，也許你的不踏實感是針對其他方面。那麼，單元設計有什麼是超出傳統單課設計所能提供的？

　　如你所預期，認為單元的價值超過單課，是剛才所談「單元」對比「課程」的次要面。有太多課程都是範圍狹小，它們聚焦在各別獨立的目標上，並未一致朝向建構學生持久的理解或獨立表現能力，而其結果往往是片段的教學和短期的學習。「單元」的定義應包括一系列有意義

又連結的學習事件組（chunk），它們建構某些重要知識學習結果的方式，是短時間（往往不連結）的日常課堂教學所達不到的。重理解的教育最基本的涵義可說是超越表面、更為深入。它不是單純的課程內容重點之分布，「深入」是指我們以不同觀點檢視相同的課程內容；出於必要，這個過程其實在許多單課課程都發生過。

無論課程是聚焦在複雜的文本〔如：《又高又醜的莎拉》或《大亨小傳》（The Great Gatsby）〕、概念（如：「水循環」或基於「不可剝奪權利」的民主概念），或是有價值的複雜任務（如：用西班牙語精心演出的角色扮演、運動定律的科學探究，或者研究及呈現某個歷史事件），單課課程必須有連貫性，並且能產生複雜的實作表現或成品。要做到教學的連貫，必須思考完整的學習單元，而這個單元是由各別但卻有增強作用的相關單課課程所組成。

如前所述，你從何處開始的重要性低於在何處結束。因此不必太煩惱課程設計的起始點，如同廣告所言，**去做就對了**。請隨意從你覺得自在或好奇的地方開始，但要留意須有跨所有三個階段的連結。

8. **在 UbD 單元設計中，我的教科書扮演的是什麼角色？**對許多教師而言，單元設計的習慣方法是採用教科書提供的內容，但這個方法並不明智——無論教科書的品質如何。為什麼？因為沒有任何教科書的單元是從你的課程目標、地方課程、學校使命陳述，以及學區或組織的幼兒園至高中教育（K-12）目標去做逆向設計。就如一本針對任何分量、口味、醫療情況，以及有各種技能的廚師而寫的通用食譜，教科書只提供一般的可能用途，這些用途必須具體化以符合你的情境脈絡和你所教年輕人的「口味」。請想想下列特徵：

• **教科書往往依主題組織內容，而非依照學習遷移目標。**大部分教科書更像百科全書或電腦手冊，它們提供一套按主題編排、有邏輯的完整內容及各別的活動。例如：歷史依照年代編排、幾何學的內容組織從定義和原理排到定理。雖然內容組織如此整齊呈現，但並不是所有教

科書的內容都直接採納你的課程目標或提供達成目標的最佳方式。

- **教科書通常太強調知識和技能的學習，卻極少強調意義理解和學習遷移。** 這個特點已經被清楚反映在所提供的一般評量方法上（這些評量基本上傾向於強調回想指定事項或檢核去除脈絡的技能），也反映在所提供的一般學習活動上（這些活動傾向於只要求學生做最少的探究或深度思考）。即使你有許多直接教學的單課課程是源自教科書，你還是可能必須分開找出學習遷移和理解的目標，然後發展適當的評量和學習活動。

- **教科書不一定完全適合你所教班級的各種學習風格、興趣和能力程度。** 雖然許多教科書針對個別差異提供應該學習的概念和教材，但以下這個建議在本質上是通用的，亦即，教科書無法充分反應你的班級特色。

最終的底線是，教科書應該作為指定教材使用，而非課程大綱。因此，你必須將期望學生學習的結果納入單元設計，教科書的相關元素只是列為參考。

9. **留意到範例的使用，對我而言，什麼是偏好的起始點？** 如本章開頭所言，不管 UbD 範例的格式如何，你都可以發現，從符合你自己興趣和背景的元素著手，是最自在而有用的。表 C.3 提供了一些提示性問題以幫助你思考起始點。

表 C.3　各種起始點示例

1. 真實世界 的學習 遷移目標	2. 某個 重要的 「靈感」！	3. 引發 思考 的問題

- 最終，什麼是我們要學生在學校以外的世界有能力做的事？

- 哪些新洞見或推論是我們希望學生在單元結束後帶走的？

- 什麼是我們要學生探索的大概念？哪些問題可以架構這些探索及討論？

7. 課程內容 標準或既 有的目標	階段一：期望的學習結果	4. 某個重要 的活動或 課堂學習
	階段二：評量的證據	
	階段三：學習計畫	

- 哪些大概念和學習遷移內含在此標準目標內？

- 學生在這個單元中應該有哪些重要的經驗？哪些引發思考的活動會提出所有關鍵議題？

6. 關鍵的 考試 或測驗	5. 關鍵的 學習資源 或文本

- 關於這個主題，學生需要理解哪些概念，以利在關鍵的測驗有良好表現？

- 究竟我們為什麼要學生使用這項學習資源或閱讀這份文本？

來源：© 2004　ASCD 版權所有。

以著手設計單元課程為用途的各種空白作業單，可從線上獲得（表 C.4 到表 C.10），其中包括一套更詳細的提示型作業單，這套作業單係針對利用範例的每個起始點（課程內容標準、重要主題、重要技能、關鍵文本、喜好的活動、關鍵測驗等）。

關於本模組概念和議題的更多資訊

《重理解的課程設計》第二版（Wiggins & McTighe, 2005）。第 11 章充分討論單元設計的過程（但請注意，它指的是較早的範例版本）。

《重理解的課程設計：專業發展實用手冊》（McTighe & Wiggins, 2004）。介紹性質的作業單和練習都包括在內。

參考書目

McTighe, J., & Wiggins, G. (2004). *Understanding by design: Professional development workbook*. Alexandria, VA: ASCD.

Wiggins, G., & McTighe, J. (2005). *Understanding by design* (2nd ed.). Alexandria, VA: ASCD.

Wiggins, G., & McTighe, J. (2007). *Schooling by design: Mission, action, and achievement*. Alexandria, VA: ASCD.

Zmuda, A., McTighe, J., Wiggins, G., & Brown, J. (2007). *Schooling by design: An ASCD action tool*. Alexandria, VA: ASCD.

模組 D

初步的單元草案

目的：使用三階段的逆向設計法草擬初步的設計，焦點放在期望的學習，而非按內容或教學活動來設計。

期望結果：單元設計者將理解

- 以所有三個階段草擬單元課程，能使設計者很快體驗到逆向設計的邏輯及其效力。
- 逆向設計的範例能使設計者有效檢核單元的連結，這是所有高品質單元設計的關鍵。

單元設計者能夠

- 以三階段的逆向設計草擬一個新單元（或列出之前所設計單元的主要元素）。
- 檢核所有三個階段的單元連結。

最終成品是以簡單的三階段範例所寫的單元草案。

你應該學習模組 D，如果你不熟悉逆向設計的過程，或者剛知道「重理解的課程設計法」。如果（相對於逐步設計者）你偏重整體、是「一次就草擬全單元」型的設計者，從模組 D 開始設計，你可能也會覺得較為自在。

你可以略讀或跳過模組 D，如果你熟悉逆向設計和 UbD 範例；或者，你偏好透過整個範例逐步進展，而非草擬整個單元再修正它。若屬後者，你可以跳到模組 E。

　　我們把這個模組聚焦在快速草擬一個單元。不論你是從之前設計過的單元開始，或是從頭開始設計一個新單元，簡言之，成品目標就是只利用三階段的逆向設計（相對於模組 B 所述更詳細的 UbD 範例），來發展單元草案。

　　就如之前各模組所討論的，此課程設計的基本邏輯包含在三個相關的問題之中（具體呈現在 UbD 單元設計的三個階段）：

1. 我的單元期望的長期和短期學習結果是什麼？
2. 什麼是學生達成這些期望結果的適當證據？
3. 對於達成這些期望結果，什麼是最適當的學習事件？

　　表 D.1 顯示營養單元的初步逆向設計草案實例。在後面的模組，這個單元會根據 UbD 而修正。

　　課程設計任務：採用營養單元實例及我們的評論為指南，以三階段的格式草擬一個新單元（或列出之前設計過的單元之主要元素）。不需要寫得太過詳細，請根據以下問題簡單列出主要目標、評量方法和重要學習事件即可：

- 階段一：就這個單元的結果而言，什麼是學生（短期和長期）應該學會的事？
- 階段二：哪些評量證據可以顯示學生已經達成階段一的目標？
- 階段三：哪些關鍵學習事件可以幫助學生達到目標，而且成功通過評量？

　　現在，你已經開始撰寫課程設計任務表格，我們將會更詳細探討逆向設計三階段的每個階段。然而，如果你對於目前自己做出的草案覺得很自在，而且了解三階段的基本邏輯，你現在就可以去學其他模組。不然，請繼續學習這個模組以更詳細探究各階段。

表 D.1　營養單元的簡單三階段

單元主題：營養　　　學科：健康（體育）　　　年級：五　　　教學時間：4 週

階段一：期望的學習結果
這個單元係介紹營養的基本概念。學生將會學到各類不同的食物及其營養價值、有關「均衡」飲食的 USDA 食物金字塔準則，以及因為營養不良造成的各種健康問題。學生也會學到如何閱讀食品標示上的營養資訊。
階段二：評量的證據
學生會透過隨堂測驗和最終測驗來評量營養知識、關於營養的特定詞彙、食物的分類，以及食物金字塔準則。
階段三：學習計畫
主要學習活動包括下列： ● 學習及記憶關於營養的詞彙。 ● 閱讀健康教育教科書的〈營養〉一章。 ● 學習食物金字塔準則及食物的分類。 ● 觀看《營養與你》影片。 ● 創作一本班級食譜。 ● 聆聽客座演講（營養專家主講）。 ● 學習閱讀食品標示上的營養資訊。 ● 為班級餐會設計健康的菜單。 ● 參加最終的單元測驗。

第一節　階段一：什麼是期望的結果？

　　有一句老諺語說：「如果你不知道往何處去，那麼任何一條路都能讓你到達。」此陳述表達了從終點做逆向設計的相反一面。如迄今所述，「終點」必須就學生的改變而言——所尋求的學習（例如：學生的產出）——而非從課程內容或你的行動（例如：教師的投入）。有效的教育活動設計之關鍵，是從成功教學的期望結果做逆向思考——期望結果指的是學生善用先前所學的能力，然後你更可能知道達到該目的（及避免只按內容或只做愉快活動）的教學策略。

　　所以，你不可以只是說：「我要學生學分數」或「我要他們解讀《羅密歐與茱麗葉》」。這些陳述只是重述將要教導的內容，而不是學生從接觸學習應該具體學會的事，以及未來對課程內容能夠做的應用。這兩則「我要」陳述句都沒有說出：就單元的結果而言，我們需要從學生的表現檢視些什麼？

　　以下兩個教師之間的假想對話，應該可以具體呈現從「學習事項」而非「教學事項」做逆向設計的關鍵構念。

甲：你的單元是關於什麼？

乙：它是關於憲法和三權政府。

甲：這個單元的期望結果是什麼？

乙：我要學生理解憲法和三權政府。

甲：不，你只是重述了主題。什麼是關於主題的期望學習事項？

乙：理解三權政府及其不同功能。

甲：我想我還不是很清楚。這是相同的回答——只提到主題。在研讀過憲法和學過三權政府之後，學生形成的理解是什麼？未來有能力做什麼？

乙：我不明白你的問題。學生至少應該知道關於憲法內容的所有關鍵事實。

甲：但那個真的是你唯一的目標嗎？你的重點是什麼，教這些事實的理由是什麼？關於那些關鍵事實，什麼是學生應該繼續掌握的？應用這類事實，什麼是學生在生活中現在應該知道和能做的事？

乙：嗯，經你這麼一說，我想我不確定該回答什麼。你要我別只是列出關於三權政府的更具體「內容」，對吧？

甲：不是。我問的問題是關於你的教學效果。如果學生的確理解這些內容，他們之後的了解和能力有什麼不同？教這些內容的目的是什麼？

乙：啊，現在我了解你要什麼了。好，這樣如何：我要學生理解，我們的政府其組成是為了不讓單一團體有太多權力，因為會有「權力導

致腐化」的傾向。

甲：太好了。為什麼這個理解事項很重要？

乙：哦，這種組成方式的結果是，部門之間不斷拔河，不斷為有限的權力而爭。我要學生體認，很早以前的政府設置方式影響到我們的現況——每天都影響。例如，我要學生理解，為什麼會有根據最高法院判決而來的國會決議、為什麼總統可以否決立法提案，或者，為什麼兩大黨對於這些權力如何使用會持不同意見。

甲：啊，這是一個以理解為焦點的明確目標！這就是我所追問的。這就是你做逆向設計的必要來源——尋求理解而非只是事實。

你看出不同之處嗎？你要從這些特別有意義的「預設結果」做逆向設計，而不是只從課程內容目標列表著手。換言之，課程目標只是「學會內容」是不正確的，課程內容實際上是達成某些重要知識目的的方法——學生得到新洞見和能力，使得課程內容對邁向以後發展是有意義的、有用的。

從學生的思考和行為改變去做逆向思考，會改掉一些習慣。我們如此習慣於只考慮要學的內容和要做的活動的短期目標，以致於有時很難考慮少數簡單問題：為什麼我們首先要教這些內容？以被證實應優先的教學事項而言，什麼是該教學事項長期的和基本的教學結果？就教學活動和內容的實施結果而言，什麼是學生應該達到的，以及未來能夠成就的？

以下詞幹，能幫助你從理解和學習遷移的角度，更輕易架構有關內容的目標：

- 如果那是**指定的知識**（knowledge），什麼是你要學生理解的？
- 如果那是**指定的技能**（skill），哪些理解事項會使學生更明智地應用這些技能？

如此思考，將促使你不只是去確認及教導有價值的內容。UbD 的核心前提是，精熟一套內容目標其實並非**任何**單元的長期期望結果（雖然可以是某

單元中少數幾課的目標）。如果你要學生精熟一兩項技能，是為什麼？如果你要他們學會某些字詞、日期或其他事實，是為什麼？學習那項特定的技能或知識，能幫助你達成哪些有價值的、長期而真實的概念和成就？就是那些需要內容知識和技能的較長期且複雜的概念和學習成就，才是教學的最基本目的。

一、技能為焦點的期望結果

以下是另一段對話，這次是和技能有關的目標：

甲：所以，你的單元是關於什麼？

乙：關於繪製數據。

甲：學習這項技能的期望結果是什麼？重點是什麼？

乙：學生能繪製數據。

甲：不，那是技能。目的是什麼，什麼是要學生學會這類技能的目標？

乙：你的意思是什麼？

甲：如果此單元聚焦在某項技能，這個技能的目的是什麼？為什麼要學會它？這項技能——及其他相關技能——能使你獨力去做哪些重要事情？哪些學習遷移任務會需要這類技能？

乙：哦，我知道了。我的目標是幫助學生了解，視覺呈現的不同方式如何幫助人們理解有可能令人混淆的數據，或者看出可能並不明顯的模式。我也要學生理解，對某些類型的數據及目的而言，某些呈現方式的效果會比較好。我要學生不只能夠詮釋數據的呈現，也能更有技巧地為不同情況設計適當的呈現方式。

請再次留意逆向設計法的固有想法：透過澄清關於視覺呈現的重要理解事項和能力，教師就可以做更好的計畫來教導和評量它們。還有一個可能尚未完全明確但非常重要的事是，上述關於課程目的的新答案，會各自顯著影響課程內容在階段二、三的評量和教學方式。

二、長期的理解目標如何影響短期的內容習得之教學和評量

　　長期的理解目標會影響短期的知識和技能習得目標，其最明顯的涵義是，由於死記硬背不是長期目標，因此只重短期記憶的教學和測驗並非促成理解的適當教學計畫。

　　讓我們思考駕駛訓練單元（模組 B 所用的實例，可幫助你更理解範例和 UbD），以便了解對較長期意義理解和學習遷移目標的注重，如何顯著影響技能和知識的短期學習，而這些目標使教學有了合理依據。駕駛的訓練課程必須從學生能實際開車上路的能力做逆向設計，而不是從一套教師將「按表操課」、學生將「獨做」的個別技能和知識目標去做逆向設計。真實的實作表現目標不只影響學習時間的利用（非常受限！），也影響學習方法。如果目標只是通過紙筆測驗取得駕照，那麼教師講述、專書閱讀和隨堂測驗可能合理，但其教學任務是，無論有多少的時間可用，要把新手轉變成自律又細心的合適駕駛——在實作表現上應用知識、技能和理解的人。

　　請留意駕訓課程的比喻，然後思考和你的單元的核心課程內容有關的學習遷移類目標——即使你的習慣一向把「內容」想成與各別的概念和知識相關[1]。對你的單元而言，什麼是「能夠有效駕駛」（有效利用所理解的關鍵知識和技能）的「對應詞」？以下兩個提示性問題可能有助於進一步澄清教導技能的更大目的：

- 如果這是目標技能，哪些理解事項能使這個及其他相關技能被有效使用？

---

[1] 有些讀者也許認為，我們只是針對簡化的知識和技能「應用」做討論，而且這即暗示，UbD 不重視博雅教育或深度理解的學習。並非如此。如果從教師角度設定的目標是深入理解學科，我們必須考慮，對具體學習結果而言其涵義是什麼。博雅教育意在使學生具備什麼能力和素質？什麼是歷史學家、科學家或數學家必須成就之事？在何種意義上，其學門使他們被「規範」以某種方式表現行為？然後，學習「實踐」（do）學科才可說是嚴謹的學術課程的目標。

- 如果這是目標技能，哪些任務（或情境）會需要利用這個及其他相關技能？

三、目的問題

我們可藉由提出一個不同的問題，重述對於澄清期望結果的挑戰。而這個問題常放在學生心上：教學的目的是什麼？教學結束時，這次的學習有什麼能使我去做或去達成的重要事項？

在澄清單元目的方面，下列任何一個問題都是有用的：

- 單元的重點是什麼？「有什麼重要性？」
- 為什麼這個單元值得教？為什麼其內容很重要？
- 這個主題如果最為重要會怎麼樣？如果最有趣呢？
- 這個學科如果吸引你的注意會怎麼樣？如果吸引學生的注意呢？

或者，思考以下這些常見的學生問題：

- 我們為什麼要學這個？
- 誰曾經用過這個課程內容去做重要的事？
- 在課程結束時，這會幫助我們在世上有什麼成就？

針對這類問題，學生應該得到答案，因為知道學習的方向能增加專注和投入。優質課程設計更重要的是，以教師的身分回答這類問題，可幫助你避免漫無目的地按內容教學。因此在階段一的確認目標中，回答學生對教學目的由來已久的疑問，對課程設計者常常是有用的。正如你已經明瞭的，這類問題的答案往往是學習遷移或理解為準的目標。

在考慮教學基本目標時，你問的是：「教學結束時，哪些或相似的課程內容真正重要，而且學生終究能夠**採用**？」學校的目的不是只教一些東西，或要學生在校守規矩。教育的目的是使學生：(1)能夠領悟所學知能的重要性；(2)在未來能明智應用所學——在其他的課程學習和課堂外的生活等方面。

還無需擔心單元的細節，只要從最終期望的學生能力去思考單元目標。尤其避免只以熟悉的活動和課堂教學作為單元依據的想法（除非列出這些能幫助你思考更大的全貌和目的）。

第二節　階段二：什麼是達成單元目標的依據？

逆向設計的階段二要求單元設計者，依據這些期望的學習成就「像評量者一樣地思考」。假設你的目標已達成，具體而言，你認為是什麼說服你相信有效的學習已經產生？哪些可列為達成你的期望結果的具體證據？哪些具體的評量任務最能揭露你的更大目標已經達成？這些大致是同一問題的不同版本，而它們都觸及評量的效度問題——亦即確保階段二的評量和階段一的目標相連結（我們認為模組 G 的效度更大）。

在考慮評量不同的目標方面，你有可能認為知識和技能的評量最妥適，因為這些都是用相似的方法去評量。例如，如果你要了解學生是否知道乘法表或化學符號，那麼傳統的測驗題（如：單選題、是非題或填空題）或課堂上直接問答，都會以有效方式提供正確回想和簡單「用上」過去所學的適當證據。評量在某技能領域的熟練度（例如：畫側面人像或正確加總數字），則只需要簡單示範該技巧。基本上，評量知識和技能時，我們尋求的是正確度；亦即，學生被提示之後，是否正確回想事實或正確表現技能？

理解的評量則有所不同，而且往往比內容習得的評量更有挑戰性。我們該檢視哪裡，又該尋求什麼，以了解學生是否如實理解他們所回想的內容？我們如何測定學生是否領悟細微的理解事項，或從內容得出新理解？有哪些證據可以說服我們自己，學生的理解充分到足以遷移所學（相對於只是從記憶取用知識和技能）？事實上，此問題可從問句形式來思考：哪些可算作真實理解的證據？學生可能知道正確答案，但這表示他們理解為什麼這是正確答案，以及能夠有效應用至何處嗎？

如前所述，一般而言，學生會顯示理解的程度，當他們能夠：(1)（用自

己的話）說明得到什麼推論及如何推論（透過提供適當證據及理由）；以及
(2)應用所學到新情境（如：學習遷移）。因此，我們在階段二至少必須包含
要求說明和應用的評量任務。學生不只要提出答案也要證明它們，而且應該
要能把最近所學應用到新的相關情境中。

一、理解＝自我提示

意義理解和學習遷移的評量涉及到其他的挑戰。稍早我們曾問道，在提
示之下，學生能正確回答知識或技能問題嗎？但這不是我們所說的理解，不
是嗎？我們期望，已理解的學生能明白何時要運用哪些事實和技能──而不
必被明確地告知只有哪些事實和技能要被用到。換言之，理解的構成，要從
自己的總體知識和技能做自我提示和自我選擇。無論是遇到新穎的考試問題，
或看來不熟悉的實際需要（例如：開車時的不同路況），在未知的挑戰出現
時，如果我們了解什麼是被期待的行為而且表現合宜，才可以宣稱自己真正
理解了。在真實世界中，不再有教師或學習單可以搭鷹架、提示或提醒我們
該做什麼，如果某人不斷需要關於「當下」該具體做些什麼的提醒和提示，
我們不會宣稱他真正理解一個學科。

因此，理解的評量涉及兩個要求頗多的挑戰：我們不只必須了解學生是
否會做出推論及遷移它們，也要了解學生能否用最少的提醒、暗示和提示來
做這類說明和應用。

設計訣竅

請注意，在你的階段二構想中，最重要的基本目標是要學生利用理解、
知識和技能有效地獨立表現。你會發現這是有用的：在單元設計的前面
階段編寫這類目標，以強調這就是單元目標（階段一）的真正意義，以
及因此評量（階段二）應該做些什麼，例如：

- 階段一：學生應該獨立把所學遷移到……
- 階段二：這項任務要求學生獨立確認……（或應用……或說明……）

二、評量＝有效證據（不只形式）

　　在設計評量方法時常犯的錯誤是，先決定形式，而且認為這個決定是唯一重要的事。「讓我想想，你問我評量方法會是什麼？哦，我會要學生寫篇短文，題目是……」等等！階段二所問的問題是不同的，而且在邏輯上是首要的。**不管評量的形式為何，我們尋求的是什麼？什麼是理解課程內容的證據，不論其使用的是何種形式？**

　　無論學生寫短文、口頭報告、做專題或全景模型（diorama），都不是課程設計的關鍵事項。相反地，被列入「真正理解」及應用教材的證據是什麼？被視為「沒有理解」的證據是什麼？如果已經仔細考慮過需要的證據，我們就能以更好的角度對評量的形式和任務細項做出明智選擇。以下另一段對話說明了利害攸關所在和常見的困惑：

甲：那麼你的期望結果是什麼？

乙：我要學生理解線性關係。

甲：那麼你對階段二有什麼構想？

乙：哦，我們會有關於線性關係的隨堂測驗。

甲：不，我問的不是這個。你對隨堂測驗的要求是什麼？無論你要給學　生做單選題測驗，或要他們寫開放式問答題，怎麼樣才算是「理解　線性關係」？

乙：要看他們答對或答錯測驗問題！

甲：哦，當然。但是哪些問題最能揭露已理解或欠缺理解？這種問題才　是評量問題。那麼，哪些問題必須編入評量，以便得到你想要的、　關於學生理解程度的證據？

乙：哦，好，他們必須能夠圖示 $y = 3x$ 之類的等式。

甲：等等，不會有學生只是注意聽課就知道如何圖示這類等式，卻未真　正理解線性關係吧？

乙：我想會有。

甲：嗯，那麼回到我們的基本定義：學生應該「說明」或「應用」什麼，以便向你展示他們真的理解線性關係？

乙：哦，經你這麼一說，可能我把技能目標和理解目標混淆了。你可以圖示等式卻未真正理解為什麼某個等式一定是線性關係，而且也不知道這個圖示或其他圖示的真正意義。

甲：對，那麼如果學生要表達對線性圖示的一般理解，你要他們如何向你表達？

乙：他們可能必須說明為什麼我們稱它是「線性」關係，此關係的特色是兩件事物有固定的比率——這就是圖解為什麼必須是一直線的原因。學生也必須能說明線性和非線性關係的差異，並且說出確認某些數據是哪一種關係的一些技巧。

甲：對！你是否看出，為什麼這項分析對設計有效的評量方法而言很重要？

乙：我看出來了。它使我必須仔細思考我的目標有什麼意義，以及，因此隨堂測驗應該包括什麼；它不是只有圖示或閱讀圖示的技巧問題，而是學生能否說出圖示為什麼有用及為什麼重要？這是已經理解的人能做的事。

甲：完全正確。這就是你如何確保評量效度的方式，如果你考慮到階段一的目標及其涵義，就得從需要的證據著手做逆向設計。

設計訣竅

期望結果及其有效證據，往往比與它們有關的具體評量任務更加概括。
例如，做個「有成就的演說者」這類目標，暗示許多在不同情境下（正
式的、非正式的、學術的、社會的）的可能任務（如：備稿的正式演說、
即席會談、討論會）。其挑戰不在於確認階段二的某個具體任務，而是
先考慮所有需要的證據，俾據以稍後設計具體評量方法來蒐集這些證據。
換言之，我們可以期望用同一種重要目標，來架構許多包括不同評量任
務和情境的單元。

　　請參考區別證據與任務的一個類比。如果目標是做個「傑出運動
員」，然後把十項運動想作是證據——來自一系列十個具體不同的任務，
這些任務如果做得好，就象徵達成運動表現優異的總體目標。

第三節　階段三：有了目標和證據，這些期望結果如何有效達成？

　　現在是使用逆向設計階段三來完成草案的時候了。如果你已決定目標（階
段一）和需要蒐集的證據（階段二），哪些學習活動會最適當？哪些教學活
動是邏輯上必要的？什麼是引起學生學習、有效表現，以及達成目標的最佳
方法？逆向設計是關於邏輯上的連結：**如果……那麼……**；如果這是目標，
接下來如何評量和教學？

　　例如，如果目標在使學生開車時成為更有防禦力的駕駛，而評量方式是
把他們置於能否顯示防禦式駕駛能力的情境中，那麼，接下來的學習活動和
教學會是什麼？他們如何以最有效的方式，獲得關於如何在真實情境下實際
上路做防禦式駕駛的知識、技能和理解？

　　不過，請回想我們的提醒：如果學習要有效，理解的涵義是自主（autonomy）。所有針對意義理解及學習遷移的學習計畫都必須加以設計，以使學生逐漸能夠（也被期待）獨立表現所學。教學應該包含減少提醒、暗示，或者其他形式的搭鷹架和提示；換言之，如果學生長期得到關於應使用哪些內容、需要做什麼，以及如何去做的提醒，那麼我們對於學生在需要獨立推論和應用的任務上表現很差，就無需感到驚訝。

批判思考也是一樣：如果目標是批判思考，評量方法也針對它，那麼教學要如何設計和引發批判思考？這是教育的重要問題。許多教師並不知道，他們並未積極發展學生的批判思考；他們只是希望它發生。更糟的是，當課程只強調回想能力時，學生的學業成就不需要用到批判思考；它被傳統的教學和評量所忽視。

這裡的核心重點強調再多也不為過，即使在理論上，我們的論點也是有邏輯的。教師經常認定感覺自在又熟悉的學習活動和教學方法，而不仔細思考有哪些教學或學習方法最有可能達成單元目標。以下對話提醒我們，把熟悉的教學混淆成適當的教學是多麼容易的事。

甲：那麼你的單元目標是什麼？

乙：我要學生真正理解，從區域的角度來思考我們的國家，是多麼有用的想法。

甲：哦，你要如何評量學生的理解？你要蒐集哪些證據以證明學生的理解？總之，你要評量什麼？

乙：我會以口頭和書面方式發問，要學生說明我們對各區域標記方式的利弊得失，並且討論美國不同區域的特色。

甲：那麼，什麼是主要的教學步驟？

乙：哦，全都在我們的社會科教科書中。學生將閱讀關於東北、東南、中西、西南、西部、西北等區域的資料，然後描述各區域的關鍵特色。

甲：不過，是否有某件事被遺漏了。這樣如何幫助學生評論區域的標記？

只是閱讀教科書，如何達到你引述及展示證據所稱的理解？

乙：哦，我了解這個問題。就因為學生可能知道不同的區域，如果教科書無法像我們一樣真正探討標記區域的優缺點，接下來怎麼辦？嗯，也許我需要整理一些爭論或幫助學生做點研究以了解，例如，針對密蘇里是中西部或南方的問題，歷史學家和地理學者實際上曾經如何改變想法。

這裡的重點應該很清楚，而且值得長期深思：當我們對準重要的、長期的、高階的目標時（如：防禦式駕駛、批判思考），我們必須仔細考慮需要的是什麼，以幫助學生「透過設計的課程」達到目標，就算我們覺得是被迫先聚焦在習得內容上，或即使我們對自己目前的教學方法感到自在。

逆向設計中的連結：雙問題的檢驗

如前所述，逆向設計的邏輯指出，任何單元設計的關鍵要素都必須連結起來。我們列在階段三的要素必須和階段一、二所列連結起來（例如，邏輯上取自階段一、二）；階段二的評量計畫必須邏輯上取自階段一要求的目標。實踐這個構念的簡單方式是，在你自己的草稿範例上實際列出三個階段的要素，然後畫出連結線以確信，學習和評量的構想和所有目標都有相關。

這項「連結檢核」也不是只做一次即可。課程設計過程的挑戰之一是，常常只做到避免說：「好了，這個階段完成了——我要換下個階段，沒必要再回到這個部分。」而沒有不斷回顧以了解之後的工作如何影響稍早的設計，例如說：「嗯，現在我檢視每一節課及學習活動，我想到的都是正確的評量嗎？」或者「考慮到我的理解目標，我安排的適當學習事件是否足夠？」要達成連結，我們鼓勵課程設計者採用「循環」（circle-back）法，以取代只是在腦海中簡單檢核完成的部分。這類持續的自我評量是有效的單元、科目和課程設計的重要部分。

具體來說，在逆向設計所做連結的核心部分，你設計的任何評量方法或

學習計畫都必須通過一套雙問題的檢驗。以下是第一組問題：

- 學生有可能在提供的評量上表現良好，卻未真正熟練或理解評量到的內容嗎？
- 學生有可能在特定的評量上表現欠佳，但卻真正熟練評量到的內容嗎？

如果任一問題的回答為「是」，那麼階段二的評量極可能未與階段一你最初連結起來的理解目標一致。

以下是第二組問題：

- 學生有可能做過課程設計者在階段三設計的所有活動，卻未真正對階段二評量要求的說明／辯證／推論意義或學習遷移做好準備嗎？
- 學生有可能無法做好階段三設計的所有活動，但仍然可以對階段二要求高階推論及其他類別理解能力的任務處理做好準備嗎？

如果任一問題的回答為「是」，那麼階段三的學習活動極可能未和階段一的目標及階段二的評量相連結。

請思考一個來自中學社會科單元的連結（效度）問題實例：

階段一目標——學生將理解南北戰爭的因果關係，其強調重點是政治、經濟和軍事史（這是州定課程標準）。

階段二設計的評量任務——學生將建構南北戰爭主要戰役的全景模型，並且口頭報告說明這些戰役。

我們現在做雙問題檢驗：

- 學生有可能建構了很棒的全景模型並做出資訊豐富的報告，但卻未真正理解南北戰爭的因果關係嗎？
- 學生有可能準備了很差的全景模型或做了很差的報告，但仍然真正理解南北戰爭的因果關係嗎？

顯然，所設計的評量未通過檢驗，因為兩個問題的可能回答皆為「是」（事實上，就檢視理解長期因果關係的證據而言，重現單一事件很少能夠成為最有用的步驟）。以下實例清楚顯示典型隨堂測驗的問題：

階段一目標——學生將理解，分數和小數代表對相同數量的不同表達方式，以及效率、情境脈絡、目的和對象決定了何時及為何要使用哪個格式。

階段二設計的評量任務——隨堂測驗包括回想及使用學過的演算法，以簡化及轉換分數和小數。

我們現在做雙問題檢驗：

* 學生有可能隨堂測驗的成績良好，卻未真正理解分數和小數代表對相同數量的不同表達方式，或者不了解在真實生活中何時及如何使用哪一種格式的數字表達方式嗎？

* 學生有可能隨堂測驗的成績不佳，卻仍然真正理解何時及為何使用分數或小數嗎？

顯然，這裡設計的評量方法也未能通過連結的「檢驗」（假設隨堂測驗是唯一提供的評量）。我們需要更多關於學生理解分數和小數代換，以及他們能否適時選擇何種格式並說明理由的直接證據。請從這個角度試著檢視你自己設計的評量方法，並視需要修正之。

雙問題檢驗要和任一設計的目標及評量計畫共同使用。將其作為自我評量使用，對課程設計而言是個好習慣，即使是用於設計簡單的隨堂測驗。它們也必須提供有效的結果；亦即，隨堂測驗的通過與否，應該回過頭來對其預計評量的目標提供有力的邏輯連結。

階段一、二、三最後必須相互符合。你多久一次或準備何時重複檢核連結並不重要，但你必須依據少數的仔細分析，有信心地確保所有階段最終都

是正確的。這就是設計標準和範例會如此設計的原因——提醒我們在繼續下一段的思考時，要去做太容易被忽略掉的事。要緊的是，你必須多次調整課程設計，因此，愈是在過程中規範自己做幾次課程連結的自我評量，最終的設計成品會愈好。

我們可以把撰寫及自我評量一個單元草案的工作摘述為：優質設計的關鍵是明瞭優先事項以及什麼是滿足它們的條件。優質教學不是走一遍冗長的內容清單，然後希望它們加總成為長期順暢又連貫的學習。優質教學需要良好的計畫，良好的計畫需要清晰的目的及達成目的之方法。

第四節　自我評量：模組 D 的檢討標準

根據以下自我評量問題，檢討你目前的單元草案，並視需要修正你的設計：

- 階段一是否清楚列出有價值的、高優先的學習目標？
- 這些目標對於設為課程內容的教與學，是否提供合理的理據（rationale）和動機？
- 階段二是否包括所有階段一目標的有效評量證據？
- 階段三是否草擬出能連結階段一、二所需的學習事件和教學活動？

此模組的其他線上資源包括以下有提示的作業單，以幫助你設計最初的單元草稿：表 D.2 是簡單三階段範例；表 D.3 是「如果……那麼」作業單；表 D.4 是「我的單元的重點是什麼？」。

關於本模組概念和議題的更多資訊

《重理解的課程設計》第二版（Wiggins & McTighe, 2005）。第 1 章詳細討

論逆向設計法。第 3 章聚焦在澄清目標。第 8 章包含對南北戰爭全景模型的延伸討論實例，以及雙問題檢驗（見第 183-190 頁）。

《重理解的課程設計：專業發展實用手冊》（McTighe & Wiggins, 2004）。第 177-180 頁有南北戰爭全景模型使用 UbD 前後設計教案版本舉例，以及雙問題效度檢測工具。

參考書目

Bloom, B. (Ed.). (1956). *Taxonomy of educational objectives, handbook 1: Cognitive domain.* Chicago: University of Chicago Press.

Covey, S. R. (1989). *The seven habits of highly effective people: Restoring the character ethic.* New York: Simon and Schuster.

Gagné, R. (1977). *Conditions of learning* (3rd ed.). New York: Holt, Rinehart, and Winston.

McTighe, J., & Wiggins, G. (2004). *Understanding by design: Professional development workbook.* Alexandria, VA: ASCD.

Tyler, R. (1948). *Basic principles of curriculum and instruction.* Chicago: University of Chicago Press.

Wiggins, G., & McTighe, J. (2005). *Understanding by design* (2nd ed.). Alexandria, VA: ASCD.

學習目標的分類

目的：區辨不同類型的單元學習目標（學習遷移、意義理解、知識、技能），以及草擬完整的階段一草案。

期望結果：單元設計者將理解

- UbD 在單元設計中區分四種學習目標：學習遷移、意義理解、知識、技能。
- UbD 單元設計的每個目標，對於評量和教學都有具體的應用。
- 無法認識及應用這些不同的目標，會導致「按內容」教學的問題，以及學生欠缺學習遷移能力的問題（測驗結果不佳的關鍵因素）。

單元設計者能夠

- 透過區辨四類目標，從模組 D 修正他們的單元草案（或者，如果模組 D 被跳過，就為其單元設計四種不同的目標）。
- 設計成品將會是包括所有階段一要素的單元計畫草案，這些要素是：學習遷移（T）、理解事項（U）、主要問題（Q）、知識（K）、技能（S）。

你應該學習模組 E，如果你不確知「理解」的目標（學習遷移和意義理解）和「內容習得」（知識和技能）的傳統目標有什麼不同，而且你對主要問題的設計經驗很有限。

你可以略讀或跳過模組 E，如果你對於完整 UbD 範例的四類目標及其對評量和教學的應用，覺得能自在接受。若是如此，你可以跳到後面任何的模組。

優質單元設計的特徵之一是目標明確，使得原本不同甚至有時模糊的目標都被具體澄清。在這個模組，我們強調四種據以構成完整範例的不同（但實際上常常相關的）教育目標——知識、技能、理解、學習遷移，並認為它們對於單元設計的應用超越模組 B 所討論的（模組 B 介紹了範例）。我們也會進一步討論主要問題及其在架構 UbD 單元的角色。

第一節 階段一：期望結果

知識和**技能**這兩個術語為讀者所熟知。基本上，知識是指對事實、定義、基本概念（陳述性知識）有運用能力；技能是指勝任地表現某些行動或過程（程序性知識）的能力。如同範例的標題提醒我們的，這兩類目標都是關於習得。它們彼此之間的差異很明顯：你可能知道鑽頭和鐵鎚之間的差異，但卻不具有使用任一工具的技能或專門知識；另一方面，你可能知道如何使用一端是圓頭的鐵鎚，但被問到這是哪一種鐵鎚時卻忘記它的名稱。

然而理解的目標又如何呢？知道很多事物與真正理解它們，兩者間有什麼不同？在多大程度上理解必須變成真正具有技能？知識、技能、意義理解和學習遷移之間的關係是什麼？只要開始深思這些區別和相互關係，這些問題就常常困擾我們。

讓我們提醒自己關於動詞**理解**（understand）和名詞**理解**（understanding）的不同意義，這些術語出現在範例架構所本之模組 A 的初步練習。在描述「理解」看起來、聽起來像什麼時，許多課程設計者會想到以下兩個句子（或其對等句）。

「真正理解」的學生能夠：

- 做出有用的推論、建立事實之間的連結，以及以**自己的**話說明結論。
- 應用他們的學習結果；亦即，以適當的彈性和流暢性將所學遷移到新情境中。

如你已知，這兩種意義都體現在完整 UbD 範例的最上端「階段一」部分。我們區分理解（推論和連結）和學習遷移（來自將先前所學有效應用到新情境）這兩者的差異；這兩種又和知識與技能有所區別。是什麼使得這些區分有用，而不只是語意上或繁冗的區別？那就是對學習和評量的應用。

只需教師最小程度的引導，就能建立連結及達到重要理解的學生，他們是在幫自己看出事實、資料和經驗之間如何連結、引申或另有相關。就如 Bloom 教育目標分類的較上層目標所暗示，理解者能夠獨立分析、綜合以及評鑑資料和情境，而不是只回想先前的教學並直接取用。理解者在遇到需使用其知識、技能和理解的新知識挑戰和情境時，會有效地提取先前經驗並利用之。

請再次思考駕訓課程的實例，以進一步深化你對四種目標之間差異及關係的理解（你可能要回顧第23頁模組B表B.2駕駛訓練單元階段一的實例）。熟練煞車和轉彎的各別技能，或者知道道路規則（「習得」目標）是不夠的；學生必須對各種道路情況的要求形成概括的理解，然後內化防禦式駕駛的概念（意義理解）；他們必須能在真實世界的各種道路情況下，靠自己（學習遷移）應用其理解、技能和知識。

然而請注意，雖然知識和技能對於建立連結和應用是必需的，但它們本身不足以導致達到獨立、安全、機智駕駛之長期目標所需的終極理解或學習遷移。學生可能知道或可能做了很多單獨的事，但仍然無法有效了解全貌或在情境中匯集全部知能。與習得知能相比，意義理解和學習遷移是不同的成就，需要不同的學習和教學策略（以及如我們將了解的，也需要不同的評量方法）。

為了說明這些特性區別的價值（如：幫助你的意義理解），並且幫助你更擅長分析單元目標（如：幫助設計你的單元學習遷移任務），讓我們思考針對不同學習主題的這四類目標。請注意在表 E.1 中，我們如何把每個目標歸類為學習遷移（T）、意義理解（M）、知識（K）和技能（S）。

表 E.1 四類目標舉例

主題：美國革命（獨立宣言）

- 知道「獨立宣言」起草人的名字。**K**
- 使用你的研究技巧，學習關於「獨立宣言」簽署人之一的事蹟。**S**
- 從歷史脈絡及其「對象」和「目的」分析宣言，並撰寫有關這份文件的論文。**M**
- 應用你的分析，在模擬的鎮民大會中扮演宣言簽署人之一，在會中對鎮民說明你的決定，並且對於批評你立場的言論做好準備。**T**

主題：初級西班牙語

- 知道與方向有關的常用句。**K**
- 使用剛學到的現在式技巧（和你的常用句知識），翻譯教師提示的「Donde está……？」起首句。**S**
- 有個學生爭辯：「學一種過去式已經夠了，學兩種，太難了！何必這麼麻煩？」針對為什麼在西班牙語中不同的過去式對準確溝通是必要的，寫一封信、做個播客檔（podcast），或者創作一段 YouTube 短片。**M**
- 角色扮演：在人群擁擠的車站趕時間的模擬情境中，你必須詢問已離站和即將離站的不同火車班次。有些被詢問者比其他人說話更快、用更多慣用語。**T**

主題：代數的線性關係

- 知道「斜率」和 $y = mx + b$ 的意義。**K**
- 圖示不同的線性對（linear pairs）。**S**
- 以一般用語說明，線性關係如何幫助你找出價格點（price point），但卻不可能幫助你預測銷量。**M**
- 使用直線方程式和得自實驗室的真實數據，幫助你決定在運動賽事時，銷售店購甜甜圈和自製咖啡的價格點，以利為某個募款單位賺取利潤。**T**

設計任務

檢視你在模組 B 為設計階段一所寫的單元目標草案，就這四類目標分別編碼；或者，針對完整 UbD 範例的最終編排，草擬你的單元目標。

- 哪些是知識目標？在每則目標後面寫個「K」。
- 哪些是各別技能目標？在每則目標後面寫個「S」。
- 哪些是理解目標？對要求透過大概念理解意義的目標，寫個「M」；涉及學習遷移的目標，寫個「T」。

請注意，我們現在於這個模組所做的，是舉例說明曾經討論過的那些 UbD 概念。我們先幫助你更理解四個術語（意義理解），現在我們要求你把理解的意義應用到自己的單元課程設計工作（學習遷移）。

第二節　階段二、三的後續是什麼？

在寫入階段一的目標草稿並編碼之後，現在是利用你的單元草案練習一些快速逆向設計思考的好時機：依據四類型的目標，什麼是後續階段二的評量和階段三的學習活動？例如，你編碼為「意義理解」和「學習遷移」的目標，暗示了哪些需要的評量證據？你通常使用的評量方法是否能夠有效揭露這類理解？同樣在階段三：由模組 D 草擬的或剛才腦力激盪想出的任何預設學習活動，是否足以幫助學生理解重要概念？是否能遷移他們的學習？雖然後面的模組會更詳細探討這些問題，但現在你無疑已有一些想法，應該把它們寫出來。

一、「真正理解」對「僅僅似乎理解」

也許你仍然不確定，要如何把四類目標的概念轉換成你的單元草稿。這個問題的原因可能是你仍未完全明白，當我們說要學生「理解」內容時，其意義不是只「知道」內容而已。

事實上，把知識和理解合併，是出人意料容易的事（把「照做的技能」混淆成「學習遷移」同樣很容易）。只因為我們知道許多重要事物，因此講起話來好像我們理解自己所談，並不表示我們就真的理解。只因為學生在我們檢視其實作表現時看起來似乎很有技能，並不代表學生能遷移所學。這些嘮叨的關切事項，通常是 UbD 和教師進步的關鍵。我們愈仔細分析教育目標和方法，就愈能了解我們的責任也許比最初相信的更複雜、更不確定。

讓我們提醒自己，*理解*一詞在意義上的確不同於*知道*。你真正親身了解及掌握的真實理解，當然不同於只是聽從及重複他人所述（未必了解概念、概念背後的原由，或知道如何應用）。只「知道」$A^2 + B^2 = C^2$，不代表理解——也就是理解「為什麼」和「重要性」。同樣的，高度熟練但完全是照做的技能與「應用技能於新需求的能力」，兩者之間也有差異；練習畢竟不

同於比賽。

常理及相似語的使用，透露了上述的細微差異。我們說，理解要求你「用自己的話說明」並且「表達你的想法」。為什麼？因為你的說明對於理解及應用所學提供了證據。

請思考關於判別模式的舉例。假使我們要求你找出以下數列的模式：1，1，2，3，5，8。也許你沒有看出模式。現在，如果我們告訴你，其模式是「數列中的下個數字就是前兩個數字的和」，你不一定理解我們所說的意義，你只知道我們告訴你這項規則。如果被問到：「那麼，其規則是什麼？」你大概只能重述我們所說——然而卻沒有真正理解自己所說的話或這個規則對下個數字的涵義。

只要你說出：「哦！我現在了解：2 + 3 = 5；3 + 5 = 8。」這個規則就成為證明你能夠理解和應用的有意義模式。聽到你用自己的話這麼說，使我們明白你現在可能理解了。然而，如果你也能延伸所學，我們會更有信心相信你的理解。例如，你可以說出數列接下來的幾個數字（13，21），說明你如何確定它們，然後解釋為什麼最前面兩個數字相同，以及為什麼此情形只出現一次（零是隱含的，0 + 1 = 1）。現在你顯然自己**看出更大的全貌**；你可以**超越所得到的資訊**，然後理解所學。這些大致都是同步的階段。

以下是有關知識的舉例。如果某學生說，南北戰爭是因為對蓄奴的道德爭議而引起，我們可以假定她理解南北戰爭的原因之一，但無法確定——還不能確定。如果學生無法做出及驗證這些推論，或者無法從事實看出其邏輯（以及告訴我們她明白此邏輯，也能證實之），她還不能被稱為已做出連結、掌握重點或提出證明。她唯一可能做到的是（往往在不了解之下），對教師或文本所教說出主張。但在面對其他教師或文本的相反主張時，她可能無法辯護自己的主張。

已理解者不會受限於只「知道」以某種方式教給他們的事物；他們可以使用知識和技能去建立連結、探索其他觀點，以及把先前的學習應用到新情境。這就是為什麼，即使只是要學生回答問題的簡單隨堂測驗，但因其編寫

方式不同於他們學習課程內容時所用方式，即會難倒某些似乎（對他們或對你而言）第一次就「學會」的學生。區別理解和事實性知識（factual knowledge）可說是教學上最大的挑戰之一，如果你大部分都是「按內容教」，並且給學生隨堂測驗以了解他們是否學會，很容易就會落入無法區別這兩者的陷阱之中。如果評量真的只要求正確回想，學生可能似乎理解，但實際上並非如此。但是，學生可被稱為理解了，只要他們能用自己的話說明**為什麼**，或者延伸該意義理解或技能，以達到對相關事實、資料、故事、任務或事件的進一步理解。簡言之，只教給正確資訊，永遠無法確定學生會理解。他們的理解必須以這個詞的最廣義來「測驗」，就像運動員是透過比賽而非練習被「測驗」。表 E.2 詳細說明了理解與事實之間的區別。

表 E.2　區別理解事項與事實性知識

理解事項	事實性知識
● 反映以有力通則之形式所陳述的「大概念」。 ● 跨情境、地點、時間都可遷移。 ● 必須透過探索、推論、再思考等過程「獲得」（例如，在學生的心智中建構）。 ● 最適合透過要求一種以上理解層面（如：應用和說明）的評量任務來評量。	● 包括事實（如：$4 \times 4 = 16$）和概念（如：天空）。 ● 事實不能遷移，基本概念的遷移能力有限（如：「狗」的概念應用到不同的品種）。 ● 可用死記硬背方式（如：沒有理解）習得。 ● 可用有「是」、「非」答案的客觀測驗或隨堂測驗題目來評量。

其他重點提醒：

1. 理解事項是推論，不是事實資訊。這是取自探究活動的有用洞見。在知識領域的關鍵理解事項（例如：在物理學中的「物體不受外力作用時，動者恆做等速運動」）常常牴觸常理和傳統智慧，它們因此傾向於被學生錯誤理解。所以，理解無法只是「按內容」去教，它們須「跨內容」習得（如：探索主要問題、努力解決有挑戰性的問題、爭辯複雜的議題）。

2. 這類的理解事項持久存在，使我們在學習上——以學生和成人學習——能做出重大的有意義連結。例如，「強權非公理」（might does not make right）的想法同時可用於運動場上的爭端和國際外交。

3. 雖然事實和基本概念可用死記硬背方式學會，但研究指出，理解為本的取向可以產生更多實質的、長期的、彈性的基本知能學習。理解事項的作用是幫助銜接連結事實和技能，否則它們就會各自分散。

　　這個區別對技能是正確的，對知識也是。學生也許會做 14.3 除以 6.1 的除法，但如果他們無法說明，為什麼解決這道問題時移動小數點是被允許的（透過每個數字乘以 10），那他們就沒有真正理解所做之事——而這項失敗會在後來的學習中繼續擴大。換言之，如果學生無法解釋為什麼 14.3 除以 6.1 等於 143 除以 61，那麼他們就沒有真正理解等式及位值（place value）背後的數學概念、為什麼它有用，以及如何應用於解決問題。對位值及如何簡化新問題的欠缺理解，將損害未來解決數學問題的嘗試。表 E.3 的舉例，應可進一步澄清「理解」與僅僅「似乎理解」之間的差異。

　　換言之，理解的獲得其本質是：學生不只明白他人的意思、可以重述另一個人的話，他們也會自己做推論。理解事項不是事實資訊，它是根據事實（及某人自己的邏輯想法）所做出的結論。

表 E.3　有效的意義理解

學生展示其理解，當他們	學生尚未理解，如果他們
• 自己看出資料中（如：在資料中、文本中、歷史事件中）的模式。 • 以自己的話或方式說明（如：視覺表達）。	• 只能重述他們被告知的模式。 • 不知道如何找出模式或自行確認這就是模式。
• 陳述故事的意義或用自己的話提出摘要。 • 理解讀者必須找出上下文之間的關係，以做出關於角色、動機和情感的推論。	• 只是逐字閱讀，以及重述情節、背景、角色等等。 • 只能陳述來自故事的事實或重複別人所說的故事意義。 • 對別人做的推論感到困惑。
• 把人和事件在歷史敘事中的事實，連結到他們對這類經驗的觀察和歸納。 • 用自己的話對歷史時期做出歸納。	• 只能重複教師和教科書提供的結論，或只能引用事實。 • 不和自己的經歷做任何連結（或看出連結的需要），也不對人和歷史做評價。 • 無法將歷史時期正確摘要和歸納。
• 理解另一種語言的說話者已經說了笑話或語帶嘲諷。	• 逐字翻譯，對說話者的意圖不做任何推論。

以下是思索這類理解的古老方式：閱讀《伊索寓言》。就如你必然想到的，這些寓言是敘述動物或昆蟲（如：烏鴉、狐狸、螳螂、螞蟻）面臨某個情境的故事。每則故事都導向道德教訓——超越故事中特定事實的通則。以下是一例：

螞蟻和蛹

有隻螞蟻在陽光下靈活地奔走尋找食物，碰巧遇到一隻非常接近蛻變時間的蛹。蛹移動尾巴吸引了螞蟻的注意，於是螞蟻第一次看到活的蛹。「可憐！真教人可憐的動物！」螞蟻很鄙視地大聲說。「你的命運真悲慘！我能隨興到處跑，如果我高興，可以攀登最高的樹，而你囚禁般地躺在自己的殼裡，力氣只夠移動你那多鱗尾巴的一兩個關節。」蛹都聽到了卻沒有試著做任何回答。幾天之後，當螞蟻再度路過，只剩下蛹殼而沒有其他東西留下來。螞蟻正懷疑殼裡的東西變成什麼了，忽然發現自己被一隻美麗蝴蝶的大翅膀搧到、遮到。「看著我，」蝴蝶說道，「你這個更可憐的朋友！只要你能讓我聆聽，現在再吹噓你的奔跑和攀爬力量啊！」這麼說著，蝴蝶便在空中飛起，朝夏日微風的高處飛去，很快就永遠消失在螞蟻的視線中。

道德寓意：外表會騙人。

因此當思考階段一尋求的「理解事項」時，請想一想**故事的道德寓意**這句話。類似地，如果你的單元是故事，什麼是你故事中的道德寓意？換言之，什麼是你要學生理解為有意義的一般的、有用的、有趣的推論？這些都應該列入理解事項方格中。

讓我們從模組 B 的舉例單元分隔出一些理解事項加以了解，雖然它們可能聽起來像是應該列入知識方格中的「事實」，但它們的意義其實是教師會幫助學生自行做出及掌握的推論：

- 駕訓課程——煞車或反應的時間短到不可置信，因此需要持續的預備和專注（見表 B.2）。
- 社會科——成功的墾拓者依賴勇氣、聰明以及合作，來克服困難和挑戰（見表 B.6）。
- 代數——我們可以使用交換的、連結的和分散的特性，把不熟悉的複雜數式變成更簡單、更熟悉的，以解決問題（見表 B.8）。
- 視覺藝術——藝術家使用類似口述和書寫方式的敘事傳統手法來講述故事（見表 B.12）。
- 健康與體育——透過全幅動作的收縮，肌肉會產生更大力量（見表 B.13）。
- 歷史——對於發生在過去的事件往往會有不同觀點；一個人的經歷會影響其歷史觀（見表 B.14）。

你是否看出，從這些舉例能做什麼推論？所有這些陳述都是通則：它們必須被**理解**而非只是**了解**。觀察或相信，不會使它們明顯或真實。我們期望視它們為邏輯的結論，因此本書讀者應該推論出，要真正理解其意義必須由學生從各種經驗推論它們（如果其他人先做出陳述，就改為證實它們）——我們同樣只是要求你，在這裡及所有前面的練習所做的，都是針對理解的本質！

二、學習遷移：是什麼，不是什麼

學習遷移目標強調有效應用我們最終尋求的理解、知識、技能，亦即，超越目前的單元及各節課，我們要學生在面對校內、外的新挑戰時能夠做什麼。

每個學科領域都有少數幾則總括式（overarching）學習遷移目標。例如，數學的長期目標是要學生能獨力解決任何問題；歷史的長期學習遷移目標是要學生應用歷史教訓於當代議題，以及基於他們的理解成為更積極進取的公

民；在外語學科，我們要學生能在不同情境中用特定的語言有效溝通。在每個情況中，學習遷移的能力不只顯現在一個情境，也顯現在各種真實世界的情境中。

再者，如此處所示，學習遷移是關於在情境中的**獨立**表現。如果學生不需要他人告訴他們何時該做什麼，就能夠應用所學，才可被稱為達到全然理解。在真實世界中，不會有教師在場指導，以及提醒他們要在這裡和那裡用上哪一節課所教。學習遷移是關於獨立從自己的總體知能中，明智有效地取用所學，以自行處理新的情境。因此駕駛新手必須能夠處理遇到的所有各種新的真實情境，他們必須不斷判斷路況的意義，而且必須獨力有效遷移其知識、技能和理解。因此學習遷移目標要有教學計畫（在階段三）以幫助學生逐漸變得自主，評量方法（在階段二）則須測定學生的自主程度，而不是只理解多少內容〔有個發展自主的知名方法稱為教師「逐步釋放責任」（gradual release of responsibility），但我們偏好聚焦在學生的學習軌道，因為這是教育目標：學生自主性〕。

學習遷移有幾個明顯特色：

- 它們要求**應用**（不是簡單的再認或回想）。
- 其應用要在**新情境**中產生（不是之前教學或遇到的情境；亦即，任務的完成不可以是填鴨式學習的結果）。
- 學習遷移要求，針對哪些先前的學習能在此應用有深思熟慮的評量；亦即，要求某些**策略性思考**（而非粗心地用上強調的技能和事實）。
- 學生必須**自主**應用所學（獨力，沒有教練或教師支援）。
- 學生必須應用**心智習性**（如：正確判斷、堅持、自律），以及在課業上的理解、知識和技能，以堅持完成任務，而且改善作品以符合目的與對象。

那麼，你的單元學習遷移目標會是什麼？表 E.4 呈現附帶說明的其他學習遷移目標舉例，以幫助你更理解此概念。

表 E.4 學習遷移目標舉例

長期的學習遷移目標	為什麼（及何時）這些是學習遷移目標
寫作：為不同對象用不同體裁寫作，以—— ● 說明（記敘文） ● 娛樂（創作的） ● 說服（勸說文） ● 幫助操作任務（技術的） ● 挑戰或改變事務（嘲諷的）	此目標在使學生準備好以目的、對象、體裁的任何組合，針對真實生活需要而應用自己的寫作總技能。當學生在沒有明確提示和圖形組體的情形下寫作，他們就做到遷移先前所學。
數學：認識及解決從未見過的數學問題，該問題到底在問什麼並不清楚，什麼是解決的最適當方法也不清楚。這些看來新穎的問題涉及理論和真實世界的挑戰。	學生須判斷，任何問題真正在問什麼、哪些數學方法最能有效應用，及最佳的解決途徑——全都未被告知如何按步驟處理。學習遷移要求數學的推理和策略，而非只透過記憶的計算程序從看來類似的習題中取用數字。
健康與體育：做出關於飲食、運動、壓力管理、飲酒和藥物使用的健康決定。	長期目標在使學生具備知識、技能和動機，去過不需要師長父母嘮叨的健康生活。
科學：評價科學的聲明（如：在所有領導品牌中 X 牌紙巾吸收的水分最多），以及分析涉及科學或技術的當前議題（如：乙醇是最符合成本效益的替代燃料能源）。	學生理解科學方法（如：證實事理的需要）和心智習性（如：正當的懷疑），以對於他們可能遇到的科學相關議題做出有知識的決定。
閱讀：閱讀不同類別文本（文學、非小說、技術文獻）並做出反應，透過—— ● 全盤理解（要旨） ● 詮釋（上下文意） ● 批判的立場 ● 個人的連結	此目標在使學生為獨力閱讀及理解任何文本做好準備。
歷史：討論已經一直在學的歷史對目前和未來事件，及對其他歷史事件和議題的可能應用。如果有的話，我們應從過去學到哪些教訓，並將其應用到現在及其他過去的事件？	學生必須思考過去和現在的相關性，獨力做出判斷，以及把這些應用到特定的議題上。
表演藝術：以選擇過的媒介創造及演出原創作品，以表達想法並引發情緒或情感。	其目標是使學生具備透過藝術做個人表達的能力，以及獨力對藝術做出美學的評價。
外語：在不同情境中以對聽力的不同挑戰（速度、口音、透過電話等等），用目標語言有效溝通。	其目標是在真實世界的情境中獨立有效的溝通，其中欠缺教師提供關於使用各別知識和技能的提示和提醒。

設計任務

考慮到關於理解和學習遷移的討論、舉例和練習，請檢討你針對階段一所寫的理解（學習遷移和意義理解）目標，並視需要修正之。

第三節　自我評量：模組 E 的檢討標準

根據以下的自我評量問題，檢討你目前的單元草案，並進一步視需要修正你的單元設計：

- 階段一所有的學習目標（包括那些取自既有標準的目標），都適當編碼為學習遷移（T）、意義理解（M）、知識（K）和技能（S）了嗎？
- 「理解事項方格」所確認的目標反映了有用的重要「大概念」，或所學知能的重要應用嗎？
- 「學習遷移方格」陳述的目標反映了真實的長期成就嗎？
- 理解目標是否透過開放式的、啟發思考的主要問題來加以架構？

第四節　修正營養單元

我們藉由再修正模組 D 介紹的營養單元（見表 D.1，頁 53）來結束這個模組。如表 E.5 所示，階段一目標已根據學習遷移、理解事項、知識和技能來編碼。這個單元現在也包含了主要問題。

表 E.5　營養單元的階段一摘要

單元主題：營養
學科：健康
年級：5-7
教學時間：3 週

階段一──期望結果

學習遷移──學生將能夠……
• 評鑑自己的飲食模式並做出健康營養的選擇。

理解──學生將了解……
1. 均衡飲食能促進身體和心理健康，並且提升一個人的外表和能量層次。
2. USDA 食物金字塔定義健康的飲食，但是對個體而言，健康飲食會根據年齡、生活型態、文化，以及可獲得的食物而有差異。
3. 選擇健康的食物不一定是容易的事。

主要問題
• 我們應該吃什麼？
• 你是飲食健康的人嗎？你怎麼知道？

知識──學生將知道……
• 食物分類。
• USDA 食物金字塔對均衡飲食的建議。
• 營養的關鍵辭彙（如：蛋白質、脂肪、卡洛里、碳水化合物、膽固醇）。
• 營養不良引起的健康問題。

技能──學生將有技能……
• 閱讀提供營養資訊的食物標示。
• 設計均衡的一餐。

來源：© 2004 ASCD 版權所有。

　　你可以從線上找到幾個作業單來幫助你設定及澄清目標：表 E.6 摘要四類目標之間的關係；表 E.7 是階段一目標的編碼；表 E.8 陳述四類目標在階段二、三的應用；表 E.9 是四類目標在階段二、三的簡單應用；表 E.10 澄清學習遷移目標是什麼；表 E.11 說明考慮長期的學習遷移目標；以及表 E.12 澄清意義理解目標是什麼。

關於本模組概念和議題的更多資訊

《重理解的課程設計》第二版（Wiggins & McTighe, 2005）。第 2 章的標題是「理解『理解』」，以及第 3 章是關於「澄清目標」。第 5 章談主要問題，以及第 6 章聚焦在「建構理解」。

《重理解的課程設計：專業發展實用手冊》（McTighe & Wiggins, 2004）。第 118-125 頁針對區別知識、技能、理解等有關目標，提供進一步的練習。第 88-118 頁針對主要問題和理解事項提供練習和作業單。

《重課程設計的學校教育》（Wiggins & McTighe, 2007）。第 1、2 章討論學校的教育目標，以及如何有效撰寫使命陳述、課程目標和其他的長期期望結果。

參考書目

Bransford, J., Brown, A., & Cocking, R. (Eds.). (2000). *How people learn: Brain, mind, experience, and school* (Expanded ed.). Washington, DC: National Academy Press.

Bruner, J. (1960). *The process of education.* Cambridge, MA: Harvard University Press.

McTighe, J., & Wiggins, G. (2004). *Understanding by design: Professional development workbook.* Alexandria, VA: ASCD.

Wiggins, G., & McTighe, J. (2005). *Understanding by design* (2nd ed.). Alexandria, VA: ASCD.

Wiggins, G., & McTighe, J. (2007). *Schooling by design: Mission, action, and achievement.* Alexandria, VA: ASCD.

主要問題和理解事項

目的：根據大概念，詳述主要問題和理解事項。

期望結果：單元設計者將理解

- 主要問題反映了關鍵的探究和單元的理解目標，因此適用於聚焦單元重點及設定學習的優先順序。
- 理解事項是指，在單元中學生經指導而做出或詳述的推論——即使理解事項聽起來和事實無差。
- 在 UbD，理解事項最好寫成完整句的通則，以詳述我們要學生具體理解的意義——以及避免把目標想成只是主題重述的常見問題。

單元設計者能夠

- 設計啟發思考又和單元主題及理解目標有關的主要問題。
- 以完整句的通則精確陳述期望的理解事項。

你應該學習模組 F，如果你尚未以完整句的通則架構單元理解事項，而且尚未想出伴隨的主要問題；或者，你認為自己草擬的理解事項和主要問題需要改善。

你可以略讀或稍後再回到模組 F，如果你希望探索模組 G 不同目標類型對評量的應用，或者已經寫好完整句通則的理解事項，也列出了主要問題。

　　重理解的教學其關鍵是，教學必須聚焦在一致的概念和探究活動，而不是只有不連結的各別內容知識和技能。大概念存在於專門知能的核心，它們

以不同格式體現，包括下列：

- 一致的概念（如：相互依賴的現代「平」世界）
- 有組織的主題（如：愛征服一切）
- 關鍵策略和經驗法則（如：把複雜數量變成更熟悉、更簡單的，以透過數學等式來計算）
- 無止境的爭論或議題（如：天性對養成）
- 驚人的矛盾（如：繁榮背後的貧困）
- 兩難困境（如：我們簡化了數學和科學模式中的事實——同時也損失而且可能忽略一些重要細節）
- 長期存在的問題和挑戰（如：全球暖化）
- 主要的理論（如：大天命）
- 關鍵的假設（如：市場是理性的）
- 關鍵的差異觀點（如：「恐怖分子」對「自由鬥士」）

因為大概念是一致的有效理解之基礎，因此它們提供了設定課程和教學優先事項的方式。

對讀者而言，大概念使大量資訊和各別的技能有意義。若沒有概念告知我們觀察所見和解決問題之道，每個新情境都會看來陌生、孤立或令人困惑。換言之，它們並非**只是**概念——亦即，無用的抽象陳述。相反的，它們闡明了經驗；它們是學習遷移的關鍵部分，就如Bruner（1960）很早以前指出的：

> 超越學習可能帶來的樂趣，任何學習行為的第一個目的是：學習應該能夠在未來被我們所用……質言之，它包括，剛開始學習的不是技能而是一般概念，這個概念之後能被用作認清接下來所遇問題的基礎……這種學習遷移是教育過程的關鍵——以……概念而言，持續擴大和深化知識。（p.17）

為了指出在所有領域中，大概念如何影響我們的理解和學習遷移，請思

考兩個你可能意料不到的舉例──足球和棒球的團隊運動：

- **創造攻擊空間**。這個大概念說明所有的攻擊式運動。當攻擊方「創造空間」（例如：在露天運動場、室外球場和冰上場地，建立能在其中運作的更大區域），防守方會分散開來，使得隊友更可能「有空間」，以利你這一隊可以接球、傳球然後得分〔與其相反的是「聚攏」（bunching），它會使防守方更容易防守目標或阻斷傳球〕。
- **合法矇騙對手**。在前進方向或速度上透過向對手「做假動作」，你就可以更有效的傳球（同時也更有效地創造空間）。

　　請注意，這兩個概念都是策略性質的概念，而非體育技能（像是盤球和正確踢角球）或簡單戰術（如：「使用傳切戰術和越位戰術──矇騙對手並創造空間的兩種方法」）。它們是大概念，因為這些是你隨時有效使用所有技能的一般關鍵（在運動比賽中創造空間，能使你看得更清楚並找出得分機會）。再者，策略性概念可以遷移到大多數的團隊運動（如：橄欖球、冰上或草地曲棍球、冰球），也可以應用到各層次的比賽。

　　因此，這些概念產生了一些持續的探討和主要問題：

- 現在我們如何在此創造空間？我及我們團隊如何更有效地避免聚攏？
- 我何時且應該如何矇騙對手？考慮到我的技能水準和對手的，哪些動作最有效？

　　讓我們檢視更學術的例子──寫作。教寫作時，教師可能傾向於認為，他們的工作只是教導技能，事實上，理解及適當地應用技能依賴的是概念。寫作的兩大關鍵概念，現在已成為寫作過程熟知的口訣：對象和目的。以問句表述，適用所有作者的有組織概念一向是：我要寫給誰看？我的寫作目的是什麼？上述答案對於我要說什麼以及如何說，有什麼影響？

　　因此，勿認為大概念是無生命的、模糊的抽象之言，應該把它視為有用的闡述性概念，或者幫助學生組織及理解其學習和經驗的聚光鏡。簡言之，

大概念把看似不連接或無秩序內容中的要點連接起來；它們幫忙把資料轉成資訊。的確，UbD 單元設計的主要目標是確認大概念，藉此，我們能夠把大量的內容知識轉變成有趣的、連結的和有用的探究事項（透過主要問題），最終再成為具體而重要的意義理解（理解事項）。

設計任務

為你的單元腦力激盪想出大概念。哪些大概念可以幫助學生理解單元的所有內容？

第一節 大概念和範例

你可能會質疑：既然沒有指定的方格，UbD 範例中的大概念要放在哪裡？好問題！大概念事實上反映在幾個地方，大部分是在「主要問題」和「理解事項」方格。然而，如前面曾指出，大概念是有效學習遷移的基礎；因此它們也被應用在「學習遷移」方格中。

主要問題架構了關於大概念的重要持續探究事項，然而理解事項反映的是重要（但不明顯）的答案——我們要學生（以有意義方式）「達到」且以完整句陳述之通則。以下舉例說明之。「為什麼那個在那裡？」的主要問題產生了對某個大概念的終身探究——「地理宿命」論（the theory of "geography as destiny"）。在學生探索這個問題及理論之後，我們要不同年級和課程的學生達到關於這個概念的具體理解。例如：

- 人類對食物、工作、商業和交通的需求，決定了人們定居何處和城市的成長。
- 一個區域的地理、氣候和自然資源，會影響人們的生活和工作。

請注意，這些理解事項不受限於特定的區域或城市，它們以事實資訊無

法做到的方式跨時間、跨地點**遷移**。因此地理宿命的概念可以遷移到任何新的地點，並且幫助我們更有效地理解相關的文化、歷史、經濟和政治經驗。

地理宿命的概念可能接著引起其他問題：區域基本上是由地理環境界定嗎？或者它和文化更有關？既然概念能提示課程內容的學習，對學生和教師而言，產生有用的有趣問題以架構學習活動──以及了解到真實的學習既要求也會導致發問，都變成極為容易的事。

第二節　主要問題

因此，重理解的教學要求，我們的課程設計及方法應增強持續的探究。顯示這類探究的重要性，其有效方法之一是，把每個單元的基礎建立在少數主要問題上。這種明顯常參考主要問題的設計過程，所彰顯的是，這個單元是關於理解，而不是只習得知識和技能。

就如前面幾個模組所示，我們建議把一個問題視為主要的，如果它是指：

1. 對核心內容的大概念引起真實的、相關的探究。
2. 啟發深度思考、熱烈討論、持續的探究，以及新的理解和更多的問題。
3. 要求學生思考其他的選擇、權衡證據、支持自己的概念，以及證明他們的答案。
4. 激發對大概念、對假定，以及對先前的課堂學習進行重要的、持續的重新思考。
5. 對先前的學習和個人經驗激發有意義的連結。
6. 自然而然地重現概念──產生將概念遷移到其他情境的機會。

以下是按照學科領域編排的主要問題舉例，它們會激發你的思考並且澄清這些規準。

社會科的主要問題

1. 這是誰的故事？誰的聲音現在沒被我們聆聽到？

2. 政府如何平衡個人權利和群體共同利益？

3. ＿＿＿＿＿＿（如：移民、酒或毒品、媒體）應該受到約束或限制嗎？何時應該約束？由誰決定？

4. 人們為什麼遷居？人們何時「必須」遷居，何時又「選擇」遷居？

5. 哪些事物值得爭鬥？由誰決定？

數學科的主要問題

1. 這是哪一類問題？

2. 當我被問題卡住時該怎麼做？

3. 什麼時候「估計」優於「計數」？

4. 我如何把這個簡化成更熟悉、更容易處理的數量？

5. 什麼是模式？

6. 測量的對象如何影響測量方式？測量的方式又如何影響測量（或不測量的）對象？

7. 這必須達到多正確（精確）？

8. 考慮到＿＿＿＿＿＿，我們能做什麼結論？不能做什麼結論？

語文科的主要問題

1. 「小說」和「事實」之間有什麼關係？

2. 來自其他時空背景的故事如何與我有關？

3. 我們曾經突然有過這個想法嗎？

4. 優秀的讀者會做些什麼？

5. 作者說了些什麼？哪些因素使你這麼想？

6. 文本如何產生差異？最後我應該如何閱讀？

7. 當文本一點都不合理時，我該怎麼做？

8. 優秀作家如何持續吸引他們的讀者？

9. 我為什麼要寫作？為了誰？

藝術的主要問題

1. 什麼是藝術？藝術和「工藝」有何不同？

2. 何處可以發現藝術？

3. 關於某個文化或社會，其藝術作品能告訴我們什麼？藝術作品會如何誤導我們對該文化或社會的看法？

4. 審慎的和草率的批評之間有什麼差異？

5. 藝術家對其愛好者有責任嗎？愛好者對其欣賞的藝術家有責任嗎？

科學的主要問題

1. 什麼因素使物體以其方式運動？為什麼這個物體會以這種方式運動？

2. 我們是由什麼物質構成？萬物的構成物質是什麼？

3. 在生物體，結構和功能如何相關？為什麼這個生物這麼行動但構造卻像那樣？

4. 它向哪裡去？（根據能量和物質的保存而言）

5. 我們應該如何評價科學的聲明？

6. 我們如何有效測量無法直接目睹的事物？

7. 該數據能否據以做出別的說明？

8. 這項誤差是可避免的錯誤或數據本身固有的？

外語科的主要問題

1. 什麼是（目標語文）和英文之間的關鍵相似和差異之處？

2. 我如何超越用英文來思考？

3. 對我而言，要在長期記憶中記住最多的語言，什麼是最好的方法？

4. 情境脈絡如何幫助我了解不認識的文字？

5. 說話卡住的時候我應該做什麼？

6. 如何能讓我聽起來更像是說母語的人？

7. 我能如何保持對話的進行？

8. 我能如何不帶刻板印象地探索及描述文化？

設計訣竅

雖然你可能「了解」主要問題的概念，但這不表示你必然能夠立即遷移你的理解，獨力寫出極佳的主要問題。熟能生巧，你必須持續撰寫及修正，並且對同事和學生實驗你的想法；不久之後你就會寫出很好的主要問題。

設計任務

根據你的單元的大概念，腦力激盪想出主要問題。然後，根據主要問題的標準（見本模組前面部分所列的六個主要問題規準），查核你寫的問題。

一、非主要（但對教師重要）的問題

當你根據標準回頭自我評量腦力激盪想出的主要問題，哎呀！你可能會發現，有些問題已變成非重要。即使我們努力想出這類問題，它們最後還是成為這類問題：「什麼是線性方程式？」或「為什麼標點符號很重要？」即使是根據標準所做最簡短的自我評量，仍會透露這類問題就我們的判斷而言不是主要問題。當然，對你的教學而言，你想出來的問題可能是主要的，但那不是此處所尋求的問題。出自典型新手設計者的問題往往過於有所偏重或太強調知識。

以下其他舉例，來自我們所蒐集幾百個單元實例的常見非主要問題：

• 什麼是故事的要素？

- 身體如何把食物轉化成能量？
- 為什麼未來式很重要？
- 什麼是（一個主題）在真實世界的應用？
- 什麼是（任何事件）的三個成因？
- 為什麼保持健康很重要？

我們相信，你開始了解為什麼從剛才的定義而言，這些問題都不是「主要的」。以上每個問題實際上只是尋求（或指向）某個「官方的」最後正確答案，而非設定某個深度的、通常開放的探究；或者它只要求一串答案而非深度探究。如果身為教師的我們，堅持只問有正確答案的問題（很難打破的習慣），我們將會缺乏深度理解關鍵之處所需要的探究過程。

說明這個論點的不同方式是指出，教師常常在初次處理這類問題時，把兩種**主要的**意思合併：「就我教導核心內容的教師角色而言，這對我是主要的」對上「對學生持續思考以獲得洞見、建立連結和促進學習遷移而言，是主要的」。在理解為焦點的課程中，後一類問題我們需要更多，前一類則較少。

些微的修正會造成大差異。「為什麼文法重要？」是一則「教師的」問題。我們可以想像所有學生（以更低的熱忱）一致答出「正確的」答案。以下是原始問題的更好版本：「若說話不合文法，你在人生路途的何處會成功？有多成功？」你可以順帶看出，提出這樣的原始問題，表示我們會誠實開放的探索文法的價值，而非期望學生被動接受（對這個問題的簡潔再修正可以是：「文法有多重要？」）。

你可能要謹記下列這個提醒，以檢驗你初擬的主要問題：此問題象徵開放的探究，或者急於得到正確答案？（區別主要問題和「知識問題」的其他指南見表 F.1。）

表 F.1　區別主要問題和知識問題

主要問題	知識問題
1. 意謂著要被探索、爭辯和持續修正（及反思）。 2. 有各種合理的答案。對這些問題的答案常常會引起新問題。 3. 應該激發或引發思考，並且刺激學生投入持續的探索及延伸的思考。 4. 反思真實的人們在工作和生活中正經提出的真正問題——而不只是在學校中被問到的「教師的」問題。	1. 有具體、直接、不成問題的答案。 2. 提問的用意在引起對事實的回想，而非產生持續的探究。 3. 比較可能由教師和教科書提問，而不是由好奇的學生或某人。 4. 重修辭更甚於真實度。

其他重點提醒：

● 問題的目的才重要，而非其措辭。在教學活動及評量中如何探尋（或不探尋）問題，會決定它是否為「主要的」。關於這方面，許多主要問題都是由「開放的」句幹開始（如：為什麼……？以什麼方式……？如何能夠……？），但這不是必要的。問題也能寫成好像可以用「是非」或單一答案來回答，但仍然符合「主要的」標準（如：生物學是宿命論嗎？我們應該吃什麼？哪一位現代總統有最令人失望的政績？）換言之，問題的形式或措辭並非其目的的單一決定因素。

● 有些主要問題意謂著引導；亦即，它們最初開放接受許多合理的詮釋和答案，但終究以理解作為結束。許多科學上的主要問題符合這樣的描述（如：物質的組成是什麼？水往何處去？為什麼物體以它們的方式移動？）。儘管如此，這類問題仍能引導學生探究、刺激其思考，以及促進學生的意義理解。

● 請注意區別「主要問題」與意在吸引學生對新主題產生興趣的「吸引」（hook）問題（如：你所吃的東西能幫助預防丘疹嗎？）。我們建議把吸引問題放在階段三作為學習計畫的一部分。

二、目的超越形式

　　如剛才提到的檢驗所暗示的，問題的目的比形式更重要。許多新接觸主要問題的教師傾向於認為，問題是得到更重要答案的工具；在 UbD，主要問題的要點是避開本能反射的思考和預設的答案——以維持重要問題的活力。換言之，理解意義的目標基本上不同於獲得內容知識的目標——雖然教師和學生都一樣習慣於認為學習就只是獲得知能。真正的主要問題值得發問——

以及再問。事實上，只有透過持續的思考、反思和再思，深度理解才會隨著時間發展及深化。

這個重點在 UbD 範例上被正確地強調。如同闡述範例的模組 B 提到，我們要求你確認主要問題，而非找出放入階段一當作期望結果的主要答案。其重點是持續發問，而且在關鍵問題的提問和思考上愈來愈好。

因此問題形式其實不是重點；重點是你要如何處理單元中的問題，你對問題的目的如何表達。「生物學是宿命論嗎？」可能聽起來像在要求準確的是非答案，但加上少數有重點、激發思考的討論及課堂活動之後，卻能很快指出，此問題的設計在使我們學習生物時能深化及持續思考。相反的，看似開放的問題——例如「美國何時應該參戰？」可能聽起來像在尋求真正的探究，但如果它單純只是快速指向「正式的」教師和教科書答案的修辭型問題，那麼，就我們的判斷，該問題不是真正主要的。

三、主要問題和幼童

你可能會想，主要問題只適合年長的和高年級的學生。並非如此。請思考以下針對國小階段學童使用的問題：

- 我可以信任哪個陌生人？
- 為什麼那件「壞」事（例如：在遊戲場打架、公園裡的意外、粗心犯下的偷竊）會發生？
- 為什麼作者這麼說？
- 為什麼人們會做蠢事？
- 為什麼我沒有了解到那程度？我如何能更了解？
- 我如何能有效表達_____（如：模式、我的想法）？

請注意，這些問題是關於想法和策略，但它們用有關於幼童以及他們可理解的方式來措辭。這些問題也欠缺簡易答案——但不表示兒童無法充分深思及討論它們。事實上，**他們應該深思這些問題**！以下是放聲思考（thinkaloud）的舉例：

> **我可以信任哪個陌生人？**我在這個擁擠的商店中迷路了，無法找到我媽媽；我該怎麼做？我需要得到陌生人的幫助——但是哪一個人呢？哦，一個「值得信賴」的陌生人——**那個人**可能是誰呢？噢，但是老師教我要小心，永遠不要和陌生人講話或一起走。那我現在要怎麼做？我需要問某個人，哪一個陌生人**可以信任**——考慮到危險的話？嗯，在店裡工作的某個人，穿店服的，似乎看起來是**最安全**的陌生人。

嚴謹的學習總是涉及在不確定的情況下進行探究；它從未只是關於去除思考的預設答案。就如有個教師在某次工作坊對我們所說的，我們要學生「在不知道該做什麼時能知道該做什麼」。這需要的不是死記硬背的答案，而是對重要問題的長期思索——「想出你能真正信任誰」是終身的探索！

簡言之，真正的主要問題是「活的」。在我們嘗試回答時往往引起更多問題，無論是四歲兒童或四十歲成人的發問——在詳細思索問題的時候就會產生一些答案。編寫主要問題的目的是訓練學生如何思考此類問題，而不會急著得到預設的、結束思考的答案，或者在失望中放棄回答。

也請注意，許多最佳的主要問題，其所問事項應該跨越人的年紀和時代。以下是這類不受時間影響的問題：

- 誰是我的對象，在該說什麼及如何做之後要做什麼？
- 說話卡住時應該怎麼辦？
- 領導者應該有多少權力？
- 我及我的生活有哪些部分是固定的，我的哪些部分及整個的我是可自由改變的？
- 誰是真正的朋友？
- 「做個美國人」是指什麼意思？

- 我如何把這個不熟悉的問題轉變成更熟悉、更容易處理？
- 這個（如：圖畫、文本、戲劇）的意義是什麼？
- 為什麼人們要遷居？
- 我（我們）應該如何決定？

我們稱這類問題為「總括式」，因為它們超越任何特定的單元主題，有時甚至超越學科領域。它們可以充分地一問再問。的確，使用相同問題螺旋式地探索更深，比起只是一次包含數百道主題的課程，更有可能發展及深化理解。

四、主要問題和技能教學

在我們的經驗中，把教學焦點圍繞在概念（如：文學、社會、科學）的教師，傾向於更輕鬆自在地編寫及使用主要問題；把焦點放在技能發展（如：數學、語文、體育、外語、音樂）的教師則可能認為，對他們所教及要學生學的眾多技能而言，主要問題是不自然的、不需要的。的確，聽到這類評論並不稀奇：「主要問題在我的領域沒用，我們只是教技能；這裡沒有大概念或議題。」

我們認為並非如此──如同本章一開始所舉例的運動「空間」應該暗示的。當我們在學習遷移的情境中遭遇真實的挑戰或難題時，我們必須問問題，例如：哪項技能最適合用於此處？何時我應該使用這項而非那項策略？這群觀眾將如何影響我的演出？策略和目的問題全都是「主要的」問題，而技能的遷移總是要求問策略型問題──涉及判斷而非事實的問題。

換言之，有時在技能領域的主要問題，不是關於概念或理論，而是關於實際做決定。請思考來自《如何解決》（*How to Solve It*）一書中，Pólya 提到的幾個數學方面的著名問題解決問句：

- **你以前看過它嗎？或者，你曾經看過稍微不同形式的相同問題嗎？**
- **你知道相關的問題嗎？你知道可能有用的定理嗎？**

- 以下是和你的問題相關而且是以前解決過的問題。你會應用它嗎？
  （2004, pp. iv-x）

請注意，這類問題需要從教師提示進步到自我提示。其學習目標是獨力理解意義和遷移所學，在識字、數學以及其他技能為焦點的教學領域，當我們遇到實作表現的障礙時，其關鍵問題都涉及到這類後設認知的提示。再者，這就是我們稱其為主要問題，並將它們放在階段一作為目標的原因：其目標為面對挑戰時能變成問對問題的專家（然而也請注意，相對於目標明顯未知的簡單「取用」練習，問題只有在學生遭遇**真實的難題**時，才會是主要的）。表 F.2 提供了幾個實例，以幫助你更有效地區別技能的與深思的策略，以及和技能使用有關的問題。

無可否認的，在初次學習一項新技能時，可能沒有需要做的決定；其目標可能只是單純習得技能，然後增加熟練程度。但學生很快就理解到，由於

表 F.2 技能相關目標的主要問題

學科	技能	策略	主要問題
閱讀	「聽出」不熟悉的字彙	應用上下文線索想出字詞意義	• 作者想說什麼？ • 我如何發現這些字詞的可能意義？
寫作	遵循五段式論文結構	字詞的選擇符合目的和對象	• 如果這是我的目的和對象，我的寫作接下來要做什麼？
數學	分數的除法：分子、分母顛倒及相乘	問題解決： • 簡化等式表達 • 從結果逆向運算	• 我如何把未知轉換成已知？ • 這個問題的最後格式必須是什麼？
視覺藝術（平面設計）	使用色輪選擇互補的顏色	使用顏色強化你想要參觀者引發的情緒	• 我在嘗試使參觀者感受的是什麼？ • 我如何有效使用顏色引發情緒？
木工	使用板條鋸時應用適當的技術	測量兩次，鋸一次	• 我如何有效節省時間、金錢和力氣？

策略是和有效使用該技能有關，因此存在待做的決定。就在有策略、有情境式決定的場域中，往往可以找到大概念（以及伴隨的理解事項和主要問題）。

> ⑬⑭⑮⑯
>
> 根據之前的討論，檢視你的單元的主要問題。在任何技能領域中，是否有關於策略及自我提示的有價值主要問題可包括進來？

也許你對主要問題仍然感到困惑。表 F.3 的練習將可幫助你更有效地理解主要問題，同時也說明你能對學生使用的一項有效技術，以確保澄清任何有挑戰性的概念。

表 F.3 「主要問題」的構成要素

第一部分：檢視下列主要問題（1-6）和非實例（7-12），以找出主要問題的共同特徵，然後列出這些共同特徵。

主要問題	非主要問題
1. 生物學中的「形態」和「功能」有什麼相關？	7. 蜘蛛有幾隻腳？大象如何使用牠的象鼻？
2. 優秀的作者如何吸引及維持其讀者的注意？	8. 什麼是「預示」？你能從這個故事找出預示的例子嗎？
3. 當科技改變時，誰是「贏家」、誰是「輸家」？	9. 「technology」一詞的原始意義是什麼（源自希臘字根 techne）？
4. 定理應該不容易理解嗎？	10. 由哪些原理可以證明畢氏定理？
5. 哪些因素能區別外語流利者和講母語者之間的差異？	11. 哪些是法國的俗語？
6. 如果我們無法計時，生活會有什麼不同？	12. 一小時有幾分鐘？一天有幾小時？
主要問題的共同特徵：	

第二部分：利用你列出的特徵作為標準，透過判別下列問題（13-18）有哪些是主要的，來檢驗你對主要問題的理論。若是主要問題，在「是」欄註記；如果不是就在「否」欄註記。

（續下頁）

表 F.3　「主要問題」的構成要素（續）

	是	否
13. 在文學上，「受歡迎」和「偉大」之間的關係是什麼？	——	——
14. 英國的大憲章於何時簽署？	——	——
15. 甲殼類動物——牠們是怎麼一回事？	——	——
16. 美國哪一任總統曾留下最令人失望的政績？	——	——
17. 在多大程度上，常識和科學有關？	——	——
18. 什麼是模式？	——	——

第三部分：檢視解答及説明；修正你的主要問題敘述。

就這種情況來以做出決策略建議。

18. 可能是——如果其中真的有唯一正確答案（如：1、2、4、8、14、_____）就不是主要問題；但如果學生會有不同的觀點或模式辯論，就可能是；在這個情況下，學生需要用
17. 是——開放式、引發留白；支持探究和辯論。
16. 是——開放式、引發留白；以促進廣泛之支持探究、引發和辯論（如：為什麼？你用甲是什麼？來支持你的見解。）
15. 否——有議題嗎，但尚未必須向任何重要的重要概念。
14. 否——有唯一「正確」答案的重要事實問題。
13. 是——開放式、引發留白；支持探究和辯論。

修正後的主要問題共同特徵：

來源：© 2004　ASCD 版權所有。

第三節　架構理解事項

　　理解事項是你要學生帶走的、關於大概念的具體洞見、推論或結論。理解事項愈持久，就愈應該成為單元設計的核心。如同我們在模組 E 提到，你會發現，把理解事項想成是故事或單元課程的道德寓意，是有用的。在 UbD，理解事項——

- 是**完整句子的陳述**，反映透過大概念表達的、關於內容知識之結論——

你要學生理解之概念的具體細節。例如，「我要學生理解，成文憲法和法規對保障民主社會中的人民權利很重要。」

- 只能透過**引導的推論**獲得，教師藉此幫助學生做出、認識或確認結論。因此它們不是「可教的」事實。理解事項原本就抽象、通常不明顯、有時還會牴觸直覺，甚至可能被學生錯誤理解，因此單單只「教」理解無法保證學生會「達到」理解。

UbD 的初學者在被要求找出理解事項時（如：「我要學生理解南北戰爭」），結果往往錯誤地列出主題，而不是陳述他們要學生從研究這場戰爭所得到或領會的結論。因此，當作實用的技術來學，我們要求你在範例中使用這類句型——「我要學生理解……」所以，在南北戰爭的舉例中，修正的答案應該是：「我要學生理解，南北戰爭是因為經濟發展沿革和各州權利問題而打仗，蓄奴的道德問題並非開啟戰爭的單一原因。」

設計訣竅

當你努力思考如何把課程內容標準轉換成理解事項時被卡住了，請嘗試回答這兩個提示：
- 這些都是學生必學的事實資訊，但這些事實的意義是什麼？
- 如果單元的內容是故事，那麼此故事（這個例子指的是單元）的道德寓意是什麼？

以下我們列舉一些在各種學科領域的重要意義理解事項。請注意，它們都是以詳述期望理解事項的完整句通則來陳述。

代數：代數問題解決法的目的，在把未知、未熟悉事項的未明確關係，透過等式的表達方式，替換成已知又熟悉的事項。

算術：不同的數字系統（如：底數）和表達方式（如：分數）可以代表相同的數量。目標、情境和使用方便性左右了最佳選擇。

藝術：偉大的藝術家常常打破既有的傳統、習慣和技術，以更有效表達他們的觀察和感受。有自信的自由社會樂於接受非正統藝術可能引起的騷動。

經濟：在自由市場經濟方面，價格是供給和需求的作用。

地理：一個區域的地形、氣候和自然資源，會影響其居民的文化、經濟和生活型態（「地理宿命論」）。

文學和閱讀：有效的故事會透露關於後來發生事件的關鍵事實並提出問題——點出衝突、神祕、兩難困境和不確定性，以吸引讀者興趣。

數學：所需要的方法和準確度因情況而異。數學模式具有闡明複雜現象的力量——但是也可能會扭曲它們的意義。

音樂：流行音樂已經從強調旋律轉為強調多層次的節奏（「如果沒有搖擺，就沒有意義」）。

體育：不可預測的移動——在速度和方向上——是有效攻擊的關鍵。創造遠離球所在位置的「空間」，只是增加得分機會的方法之一（在足球、橄欖球、草地曲棍球、籃球，以及其他運動方面）。

科學：有相關，不表示或不確定有因果關係。

語文：翻譯很少涉及逐字對應，有許多字詞都是慣用語形式，你能譯出每個字詞不表示你理解說者的本意。

寫作：自我貶抑式的幽默會是說服讀者的有效（及諷刺）方法。

至於主要問題，有些理解事項的包含範圍比別的理解事項更廣。有時，我們要學生做的推論會和單元內容緊密相連；有時，我們要學生寫出及了解廣義通則的力量。

設 計 訣 竅

如果你在努力思考要學生獲得的理解事項時被卡住了，請考慮其反面——
也就是克服可預測的或典型的誤解事項。有時，思考學生會有的具體誤
解事項，會比思考你要學生達到的理解事項更容易。

一、「理解事項」對「自明之理」

如此，你已經寫出和單元主題相關的完整句通則。但是不巧，這並不保
證你已經找出值得學習的真實理解事項。就像有些主要問題實際上太偏向「教
師的」問題，對課程設計新手而言，找出了要學生學的含糊概念、自明之理
或事實，而非找出理解事項，這是常有的事。我們說的含糊概念或自明之理
是指什麼？請看這些舉例：

- 歷史是關於人和文化經過一段時間之後的興衰。
- 物體以可預測的方式墜落或移動。
- 數學包含模式。
- 優秀的讀者會細心閱讀非小說。

你是否看出這些例子都有的共同點？它們不是太含糊就是太顯而易見，
因此無助於設計單元或幫助學生學習。在某種意義上，並沒有「理解」可以
達成：大多數學生已經知道這些事物。更正確地說，架構理解事項的目的是
找出：只有從鑽研課程內容及從中做出重要結論才會獲得的難得洞見。因此，
以下是改寫過的相同自明之理，以指出什麼是真正的理解事項：

- 歷史一向由贏家撰寫，因此很難了解屬於所有人民和文化的「真實」
  故事。
- $F = ma$。
- 看似隨機分布的數據，往往反映了簡潔的函數關係。

- 優秀的讀者會適當混合尊重作者論點和質疑其真實性的立場,來看待非小說的文本。

請注意,教師根據這些修正,對於每個單元該強調什麼、該教什麼,有更清楚的方向。也請注意這個弔詭之說:**在我們心中,「理解」終究會變成「事實」;我們稱為「事實」的許多事物,實際上現在是熟悉的理解事項。**

如果你教的是年幼或缺少經驗的學生,你可能不同意我們把原來那一組陳述稱為顯而易見:「對於五歲幼童而言,這四則概念沒有一個是顯而易見的!它們只對青少年或較年長學生是顯而易見的!」你可能很正確。使重理解的教學比內容知識習得的教學更富挑戰的因素,就是這個。一個人不是有某些知識技能,就是完全沒有,但是,如果難得的洞見變成熟悉的操作性知識(working knowledge),理解就會隨著時間持續發展。

另一方面,我們仍然主張那些「理解事項」對學生而言太含糊了——尤其對於年幼的學生。「優秀讀者細心閱讀」——其真正意義是什麼?身為一個更細心的讀者應該要做什麼?教師可以一再這麼說,卻無法針對如何更細心給予年幼學生任何洞見。最佳理解事項的編寫,旨在幫助教師和學生知道從該單元必須達成的具體洞見。根據定義,學生不會從「理解」理解事項開始學習!甚至在真正聽或讀到時,他們也可能不知道理解事項的意義。這就是單元的目的——幫助學生達到理解。

二、理解事項和技能

就如我們在主要問題一節所言,認為技能為焦點的教學沒有大概念,是錯誤的想法。在閱讀、寫作、數學、外語、職業科目、體育之類的學科,以及其他強調技能發展的學科,往往都可以從策略、理據或技能的價值找到理解事項。例如,以下是對於運動技能(如:投擲棒球或橄欖球、揮高爾夫球桿、射飛鏢等等)的技能為本理解事項:「當你做完『隨球動作』(投擲或打擊),你會產生更大的力量和控制。」這類理解事項使學生練習技能時(專

注於隨球動作），也同時監控其效果。就像在運動方面，教練和教師鼓勵這類「專注」練習，教師也可在學術領域以類似方法培養技能為本的理解。

設計訣竅

在技能領域，理解事項最常反映的是策略的理據，因此它是最佳實務的通則。選擇某項策略──例如「眼睛持續看球」，然後說明其理據：「大多數運動員在大幅度擺動時，會忘記眼神接觸，你必須採取精細動作以利在整個擺動過程都看著球。」

還是對理解事項很困惑嗎？表 F.4 是可以幫助你的另一個練習。

表 F.4　架構理解事項

第一部分：檢視下列實例（1-5）和非實例（6-10），以找出有效架構之理解事項的共同特徵，然後列出這些特徵。

持久的理解	非持久的理解
學生將理解……	學生將理解……
1. 在自由市場的經濟中，價格是供需的作用。 2. 真正的友誼會在艱難時期而非享樂時期顯露。 3. 統計分析及數據呈現常常會揭露可能不明顯的模式。 4. 在游泳方面，最有效率、最有用的划水方式涉及直接向後推移最大水量。 5. 太陽對地球表面和大氣層造成的熱氣，會驅動大氣層和海洋的氣流，產生風和洋流。	6. 過去十年來長途電話的價格已經下降。 7. 真正的友誼。 8. 如何計算平均數、中數、眾數。 9. 以自由式游泳時，泳者不應該把手握成杯狀。 10. 風是自然界的力量。
請列出持久理解的共同特徵：	

第二部分：利用你列出的特徵作為標準，判別下列哪些舉例是有效建構的持久理解事項。若是持久理解事項，在「是」欄註記；若不是，就在「否」欄註記。

　　　　　　　　　　　　　　　　　　　　　　　　　　　　　是　　　否

11. 動物夏眠的概念。　　　　　　　　　　　　　　　　　　＿＿＿　＿＿＿
12. USDA 食物金字塔，為均衡的飲食提供了相關而非絕對的準則。　＿＿＿　＿＿＿

（續下頁）

表 F.4 架構理解事項（續）

	是	否
13. 數學模式簡化了事實，以利找出有用的解決方案。	——	——
14. 如何報時。	——	——
15. 南北戰爭的成因和影響。	——	——
16. 英國大憲章在 1215 年 6 月 15 日簽署。	——	——

第三部分：檢視解答及說明；修正你的持久理解事項。

16. 否——陳述重要事實而非概念。

15. 否——陳述主題，而非連接到的、關於因果關係的概念而非可遷移事項。

14. 否——關於報時的程序事項，該程目標並非洞察而需要被教導的部分。
它本身的關聯看出，它們可以直接可傳遞的代換而概念化的事實。

13. 是——這是可引遷移的概念，每當我們一般未能處理可應用，有洞見的假設來引導我方努力，或我們的建構。

12. 是——「相關」，一個在這樣舉出，多屬到個別的文化差異，儘管兩者皆沒有同一的方式。

11. 否——陳述具爭議的概念，而非應該要習得的概念之可遷移事項。

修正後的持久理解共同特徵：

設 計 任 務

根據之前的討論及設計訣竅，檢視你的單元的理解事項。你的理解事項可以如何修正，以有效摘要你要學生做的重要推論，以及你希望他們達到的洞見。

第四節 自我評量：模組 F 的檢討標準

根據以下標準自我評量你目前的單元設計：

- 單元內容的架構是否圍繞可遷移的大概念（如：概念、主題、議題或爭辯、過程、問題、挑戰、理論、假設）？

- 所有確定的主要問題都是開放式嗎？可能引發思考和探究嗎？指向重要的理解事項嗎？

- 所確定的理解事項是否根據可遷移的大概念？
- 以完整句通則陳述的期望理解事項，是以「學生將理解……」的句幹撰寫嗎？
- 所有階段一的要素（既有目標、理解事項、學習遷移目標、主要問題、知識和技能）都已適當連結嗎？

第五節　修正營養單元

　　我們透過回到營養單元，並檢視其階段一的修正，來結束這個模組。請注意，在表 F.5 的理解事項已經是以完整句通則來撰寫，可預測的學生錯誤概念也是，伴隨的主要問題點也包括在內。

表 F.5　營養單元（經擴充理解事項和主要問題）

單元主題：營養 **學科**：健康 **年級**：5-7 **教學時間**：3 週 **階段一——期望結果** **理解事項**： 學生將理解…… 1. 均衡飲食能促進身體和心理健康，並且提升一個人的外表和能量層次。營養不良則導致各種健康問題。（相關錯誤概念：如果食物對你有益，它一定很難吃。） 2. 健康的飲食要求個人遵行有關良好營養的可用資訊，即使這可能意味著要打破舒適的習慣。（相關錯誤概念：只要我身材苗條，吃什麼都沒關係。） 3. USDA 食物金字塔定義健康的飲食，但是對個體而言，健康飲食會根據年齡、生活型態、文化，以及可獲得的食物而有差異。（相關錯誤概念：每個人都必須遵守有益飲食的相同處方。） **主要問題**： 1. 什麼是健康的飲食？ 2. 你的飲食健康嗎？你如何知道？ 3. 為什麼某個人的健康飲食對他人而言是不健康的？ 4. 儘管可用的資訊一大堆，為什麼有這麼多的健康問題是由營養不良所引起？

來源：© 2004 ASCD 版權所有。

你可以從線上找到幫助發展單元大概念、理解事項和主要問題的作業單：表 F.6，腦力激盪想出大概念；表 F.7，腦力激盪想出主要問題；表 F.8，從主題到大概念；表 F.9，大概念的顯示；表 F.10，在技能中找出大概念；表 F.11，技能領域的主要問題舉例；表 F.12，確定理解事項；表 F.13，從技能到概念到理解事項。

關於本模組概念和議題的更多資訊

《重理解的課程設計：專業發展實用手冊》（McTighe & Wiggins, 2004）。主要問題的特徵，頁 91；在各種學科領域的主要問題舉例，頁 93-103；主要問題和技能，頁 104-105；使用主要問題的訣竅，頁 106；理解事項（「意義」）的其他舉例，頁數 108-110；技能領域的理解事項，頁 118。

《重理解的課程設計》第二版（Wiggins & McTighe, 2005）。第 5、6 章對大概念、理解事項和主要問題有擴充的討論。

《重課程設計的學校教育》（Wiggins & McTighe, 2007）。第 3 章對總括式問題和主要問題有其他舉例。

參考書目

Bruner, J. (1960). *The process of education.* Cambridge, MA: Harvard University Press.
McTighe, J., & Wiggins, G. (2004). *Understanding by design: Professional development workbook.* Alexandria, VA: ASCD.
Pólya, G. (2004). *How to solve it: A new aspect of mathematical method* (Expanded ed.). Princeton, NJ: Princeton University Press.
Wiggins, G., & McTighe, J. (2005). *Understanding by design* (2nd ed.). Alexandria, VA: ASCD.
Wiggins, G., & McTighe, J. (2007). *Schooling by design: Mission, action, and achievement.* Alexandria, VA: ASCD.

模組 G

理解的證據及評量任務

目的：確定理解目標的有效證據，並且使用理解的六個層面發展評量任務的構想。

期望結果：單元設計者將理解

- 理解程度可透過理解的六個層面顯露：說明、詮釋、應用、轉換觀點、同理心、自我認識。
- 這六個層面會產生有趣又有用的評量方法。

單元設計者能夠

- 使用理解的六個層面，為關於理解的單元目標——學習遷移和有意義理解，發展需要的證據。

最終的設計成品將是修正的單元計畫，包括階段一理解目標的評量方法。

你應該學習模組 G，如果對於評量你的理解相關的目標，你覺得有需要或期望更進一步思考。

你可以略讀模組 G，如果你熟悉理解的六個層面，或者知道如何設計評量理解的有效方法。

在模組 G，我們要求你仔細考慮階段一的四種學習目標：知識（K）、技能（S）、理解（U）和學習遷移（T）。在這個模組，我們強調兩種理解事項目標，並且更詳細地檢視它們在階段二所需要的評量證據。

第一節　理解的證據

請回想，在 UbD 中，逆向設計前兩個階段的基本邏輯：

- 什麼是期望的結果？
- 如果這些是期望的結果，接下來的評量是什麼？

如同前面提到，當我們的目標是理解，相對於只是回想教師和教科書說的東西，我們需要證據證明學生已經有效理解所學內容（如，能做出合理推論，或者能做出有效連結並說明之）。再者，我們尋求的是，在測驗或教師提供極少提示或無提示之下，學生把先前所學轉換到新的或看似新的任務和情境的能力。這兩種能力都要求學生也能夠持續回應主要問題。

因此，作為有效的理解程度測驗，學生要通過我們設計的評量任務和測驗，基本上必須依賴自己具有的理解深度，而不是只會熟用文字、善於回想、創作優良成品，或者具備能在他人面前表現的技能。換言之，作為評量者，我們必須清楚「理解」的主要指標，才不會被實作表現的次要素質或學生作品的表面特點影響。

以下的提示（類似剛才的對照）指出未來的挑戰：

- 是的，學生的表達清楚有力也提供許多事實，但她的論點是否有邏輯，而且確實根據第二次世界大戰單元的內容？
- 很不巧，他忘記《夏綠蒂的網》（*Charlotte's Web*）的一些細節，但難道他沒有掌握「友誼和動機」這個主題的重要性及結果嗎？
- 對，他的饒舌歌有技巧又有娛樂效果，但這個饒舌歌是否提供任何理解溫戴茜（Winn-Dixie）——他的歌據稱根據的文本——的紮實證據？
- 哎呀！她製作了一個亂七八糟的魯布‧戈德堡（Rube Goldberg）——像個機械，但難道她的物理學對應說明仍沒有證明她對相關原理的真實洞見嗎？

我們的重點並不是事實的回想和口語表達流暢的特點永遠不該被包括；而在於因為目標是理解，評量就應該強調它──即便我們也要對學習的品質、正確性和其他要素給予回饋。

你會回想起模組 D 的效度檢驗雙問題：學生是否能做出表現卻未理解？反之亦然：學生是否在特定測驗的表現不佳，但根據其他證據還是可稱其已理解？在表 G.1，我們根據這個模組的概念，對測驗提供更全盤的檢驗。

因此，理解的評量比起只是編寫隨堂測驗以檢核事實的回想或獨立的技

表 G.1 雙問題效度檢驗的應用

目的：把雙問題效度檢驗應用到你的評量設計。

說明：使用下列問題提示檢驗你的單元評量設計。

階段一期望的結果：			
階段二證據：			
	非常可能*	有點可能	很不可能
1. 學生有多可能在評量上表現良好，當他們──			
● 也許以回想精確但有限或全無的理解，做出聰明的猜測、機械式模仿，或者「用上」已經學過的？			
● 以大量苦學及熱忱但有限的理解，誠懇努力學習？			
● 以有限的理解，產生可愛的作品，或者有吸引力、口語表達清楚的表現？			
2. 學生有多可能在評量上表現不佳，當他們──			
● 未能符合這個特定評量任務的要求，但還是透露對概念的正確了解？			
● 在評量的某些方面技能不足，但這些技能對學習目標不重要，或者涉及外在學習或天分（例如：要求與階段一無關的表演或電腦能力）？			

*「非常可能」表示評量方法未連結到目標。

來源：© 2004 ASCD 版權所有。

能精熟度（例如：習得），顯得更加困難。總有這種危險：在實作表現方面引發特殊作用的不同變數，可能會使我們對於什麼是學生真正理解的事項，產生困惑或被誤導。因此，難怪教師和評量專家早就被迫採用分隔各別知識和技能的更簡單測驗題目，因為這些題目對課程設計、行政者和評分而言，更快速、更廉價、爭議更少。然而這類評量通常無法針對真實的理解提供充分的、令人信服的證據。

第二節　學習遷移的評量

　　一般常理暗示，評量真正理解程度的終極測驗是關於學習遷移的能力：學生在學校可以應用所學做些什麼？雖然理解意義當然是必需的，但這可說是並不充分；學習遷移是我們教師重視的焦點。學生不只必須能夠有效思考，也必須有效實踐他們的想法、技能和知識。這就是為什麼我們把學習遷移置於階段一的頂端，並且強調階段二的學習遷移任務。

　　但是學習遷移不代表只是把課程內容套用到熟知的形式、備妥的問題或熟悉的練習。學習遷移能力的有效評量須有兩個要素，它們無法從只針對回想的測驗中找到：對評量任務有新看法及感覺，以及要求學生將先前所學調整應用於其中的具體情境。最後，如同我們在模組 D 的簡要討論，學生必須能夠獨立做這些判斷及應用。

　　這不是新的或有爭議的概念。Bloom 及其同僚（1956）於五十多年前就在教育目標分類中指出：

> 如果情境……涉及我們此處界定的應用，那麼它們必須對學生是新的情境，或者與已學到的抽象概念比較之下是包括新要素的情境……理想上，我們尋求的問題能檢驗個體以實際方式應用所學抽象概念的程度。（頁 125）

　　請注意以下兩個片語，它們強調對真實學習遷移的要求，而非只是用上

所學知能：我們正在尋求一個能對學生來說是嵌入新情境的問題，以及能檢驗個體**以實際方式應用所學抽象概念程度**的評量任務。在學生習得某個概念、公式、方法、原理、理論或策略（脈絡之外、抽象概念）之後，我們需要發現，學生是否能在特定的、看來不熟悉但是終究可應付的脈絡中有效應用它──以最少的教師指導。

以下舉例，是一些與抽象概念相關的學習遷移任務：

- 應用你的寫作技巧（一般的寫作總技能），寫一封勸說信給你的父母，要求更多的零用錢。（具體任務、目的和對象）
- 應用你對牛頓運動定律（抽象概念）的理解，設計驚奇但安全的遊樂園乘騎設施，並且說明所涉及的各種「力」。（具體任務）
- 編製一則等式及其圖表（一般數學知識），以比較各種手機通話費方案的定價。（在脈絡下的具體數據）
- 應用你對**友誼**一詞的理解（一般概念），以判斷故事中的青蛙和蟾蜍是否行為總是很像真正的朋友。（具體的情境）

在思考階段二對理解的評量時，從學習遷移（意義理解）目標而不只是精熟內容來逆向設計評量方法，很重要。你可能要針對學習遷移任務的構想，回顧你的單元在模組 D 到 F 的「目的」問題之原始答案，因為這類目標會暗示你的答案。你可能也想要根據目前為止的討論，修正你的學習遷移目標。

一、六個理解層面

學習遷移以各種方式不證自明。更具體而言，我們主張，「理解即學習遷移」會透過此處摘要的六個理解層面顯露。理解所學而且又能學習遷移的個體──

- **能說明**：以支持或證實的證據做連結、下推論，以及用自己的話來表達；使用適當的類比；教導他人。

- 能詮釋：建構概念、資料和事件的意義，以及揭露它們的歷史或個人層面的意義；透過圖像、軼事、類比和故事，使詮釋的對象擬人化或可以親近；將資料轉換成資訊；以及提出令人信服的一致理論。
- 能應用及調整：應用自己在各種獨特情境中所學知能；超越原學習情境，將所學應用到新單元、課程及學校以外的新情境。
- 有觀點：看出全貌；覺察及思索各種觀點；採取批判的或客觀的立場；認清及避免表達立場的方式所產生的偏見。
- 表現同理心：感性地覺知事物；能「設身處地」他人的感受；在其他人可能覺得怪異、異類或看似不合理之處，發現潛在的價值。
- 能自我認識：表現後設認知的覺察力；省思新的學習和經驗的意義；認清能同時形塑或阻礙個人理解的偏見、心理投射和心智習性；以及察覺自己在這個情境脈絡下未能理解的事物。

我們認為，這六個層面並不代表人如何達到理解的理論。相反地，這六個層面意在作為六個有用的透鏡或指標，以說明理解如何常常顯露在活動中——在實作表現、在作品、在文字或行為上。因此它們為我們可能建構的評量類型提供實用的架構，以決定學生理解的程度和深度。

二、應用六個層面

為舉例說明這些層面如何使我們產生評量的構想，請檢視表 G.2 的實例。表 G.3 把六個層面很有幫助地配置成逆向設計前兩個階段的水平排列版本，以顯示在同時注意理解層面和階段一目標時，評量方法可能會被如何決定。另外，你會從表 G.4、G.5 找到應用這些層面的其他提示及想法。

表 G.2 以六個理解層面為根據的實作任務構想

層面 學科	說明	詮釋	應用	觀點	同理心	自我認識
歷史和社會	澄清概念（如：「自由」和「放縱」的比較；「第三世界」一詞的意義）。	使用第一手資料，就 1960 年代的重要性編輯口述歷史，並寫出一篇歷史性自傳。	針對二十世紀早期移民潮的因果關係，設計一場博物館展示活動。	就美國獨立戰爭的描述，比較你所用的教科書和英國、法國的教科書。	以角色扮演方式演出一場心智會談（如：杜魯門決定投擲原子彈）。	自我評量課堂討論的參與和表現，然後說明你的參與模式。
數學	研究目見常見的現象（例如：氣象資料），揭露資料中細微而容易被忽略的模式。	對內容有限的資料集做出趨勢分析。	對評估棒球球員在關鍵情境中的價值，設計新的統計方法。	在使用不同的計分量數時（如：平均數、中數），檢視其差果。	閱讀《平地》（Flatland）一書及數學家之間的一系列通信，其內容解釋為什麼他們害怕出版研究結果；就說明新概念的困難度——甚至是抽象概念，寫一篇省思的小論文。	設計一份數學的履歷表，內容包括對自己智能的優缺點簡述。
英文和語文	說明為什麼某個修辭技巧在某篇演說中會發揮效果。	以「荷頓怎麼了？」來理解《麥田捕手》主角的遭遇。	什麼因素造就一部偉大的書？為學校圖書館錄製某部暢銷書的書評錄音帶。	閱讀以及討論 A. Wolf 所著《三隻小豬的真實故事》（The Real Story of the Three Little Pigs）。	在免費食堂服務，並且閱讀一本狄更斯的作品，然後，就服務遊民的經驗寫一篇小論文。	每篇書面報告都附上你的自評，這些自評反省了撰寫報告的過程。
藝術	說明停頓在音樂上的功用。	在視覺的拼貼畫或舞蹈中，表現出悲傷和希望。	就學校的某項問題，編寫及演出獨幕劇。	評論同一齣莎士比亞劇本的三個不同版本。（以某個主題為焦點）。	想像你是《羅密歐與茱麗葉》一劇中的來麗葉，你正在思索你最後一幕。你的想法和感覺是什麼？	持續記錄戲劇課的練習心得，這些練習有最多情緒上的要求。
科學	將每天的行為和事實連結到物理定律，並且強調容易被錯誤理解的部分（如：質量和重量的比較）。	分析池塘水質的讀數，以判定藻類的問題是否很嚴重。	對在地的溪水進行化學分析，以監控水質是否符合 EPA 標準，然後提出報告結果。	進行思考的實驗（例如：愛因斯坦的想法：「如果我站在光束上旅行，世界看起來會像什麼樣子？」）	閱讀及討論前現代期或受質疑的科學著作，以找出看似合理的或邏輯的「理論」可應用到當時可得的資訊）。	根據你的小組學習失敗之原因，提出改進無效的合作學習之解決方案。

表 G.3 應用理解的六個層面產生評量的構想

階段一	階段二	
如果對學生的期望學習結果是…… →	那麼你需要證明學生有能力…… →	因此評量策略需要做到……
理解	**說明** 為什麼根據供需狀況，相似的物品可能會有非常不同的價格。	• 以口頭和書面的方式說明，為什麼特定物品的價格差異（如：滑雪場上山吊椅的票價），是供需交互作用的結果。
• 價格是供需交互作用的結果。	**詮釋** 關於價格的數據（如：相同物品在一段期間的價格變動）。	• 製作一份 PowerPoint 電腦簡報，說明一段期間之內的價格變動（如：汽油或房價）。
	應用，透過…… 為將出售的物品訂定合適的價格。	• 進行消費者研究，以利為學校內的消費合作社或經費募集人員訂定價格。
深思這些問題…… 1.哪些因素決定某件物品的價格？ 2.什麼是「好」價格？	**從某個觀點理解** 同一商品的買家和賣家之想法。	• 以角色扮演方式演出買賣雙方在跳蚤市場、車庫拍賣或 eBay 上的討價還價過程，以舉例說明對於價格的不同觀點。
	以同理心看待…… 試著為新商品訂出價格的投資者；剛被「佔了便宜」的買家。	• 以消費者（或投資者、商人）的角色寫一篇日誌，以揭露其對於交易的想法和感覺。
	克服天真的或有偏見的想法…… 商品有原本的價值或固定的價格。 **反省** 「售價」對你的購買習慣之影響。	• 描述特定的個案，其中，你（或其他人）開始了解，商品沒有原本的價值或固定的價格。

來源：© 2004 ASCD 版權所有。

表 G.4 六個理解層面的問句句首

(一) 說明

1. 什麼是在＿＿＿＿＿＿＿＿＿＿＿＿＿＿＿＿＿＿＿＿＿方面的關鍵概念？
2. 哪些是＿＿＿＿＿＿＿＿＿＿＿＿＿＿＿＿＿＿＿＿＿＿＿的實例？
3. ＿＿＿＿＿＿＿＿＿＿＿＿＿＿＿＿＿＿的特徵或成分有哪些？
4. 這件事如何造成？為什麼會這樣？＿＿＿＿＿＿＿＿＿＿＿＿＿
5. 哪些因素造成＿＿＿＿＿＿＿？＿＿＿＿＿＿＿＿的影響有哪些？
6. 如何證明、確認或證實＿＿＿＿＿＿＿＿＿＿＿＿＿＿＿＿＿＿？
7. ＿＿＿＿＿＿＿＿＿＿如何連結到＿＿＿＿＿＿＿＿＿＿＿＿？
8. 如果＿＿＿＿＿＿＿＿＿，可能會發生＿＿＿＿＿＿＿＿＿＿？
9. 哪些是關於＿＿＿＿＿＿＿＿＿＿＿的常見錯誤觀念？

(二) 詮釋

1. ＿＿＿＿＿＿＿＿＿＿＿＿＿＿＿＿＿＿＿的意義是什麼？
2. ＿＿＿＿＿＿＿＿＿＿＿＿＿＿＿＿＿＿＿的涵義是什麼？
3. 關於＿＿＿＿＿＿＿＿＿＿＿＿，＿＿＿＿＿＿＿＿揭露了什麼？
4. ＿＿＿＿＿＿＿＿和＿＿＿＿＿＿＿＿有什麼相似之處（類比或隱喻）？
5. ＿＿＿＿＿＿＿＿＿＿＿＿＿＿＿＿與我或我們有什麼相關？
6. 這又怎麼樣？為什麼這很重要？＿＿＿＿＿＿＿＿＿＿＿＿＿＿

(三) 應用

1. 我們何時及如何用到這個＿＿＿＿＿＿＿＿＿＿（知識或程序）？
2. ＿＿＿＿＿＿＿＿＿＿＿＿＿＿如何應用到更廣的領域？
3. ＿＿＿＿＿＿＿＿如何幫助我們＿＿＿＿＿＿＿＿＿＿＿＿＿？
4. 我們如何應用＿＿＿＿＿＿＿＿來克服＿＿＿＿＿＿＿＿＿？

(四) 觀點

1. 哪些是關於＿＿＿＿＿＿＿＿＿＿＿＿＿＿＿的不同觀點？
2. 從＿＿＿＿＿＿＿＿＿的觀點來看，這看起來可能會怎樣？
3. ＿＿＿＿＿＿＿和＿＿＿＿＿＿＿有什麼相似或相異之處？
4. 對於＿＿＿＿＿＿＿＿＿＿有哪些可能的其他反應？
5. ＿＿＿＿＿＿＿＿＿＿＿＿＿＿＿＿＿有哪些優缺點？
6. ＿＿＿＿＿＿＿＿＿＿＿＿＿＿＿＿＿有哪些限制？
7. 哪些是關於＿＿＿＿＿＿＿＿＿＿＿＿＿＿的證據？
8. 這證據可靠嗎？足夠嗎？＿＿＿＿＿＿＿＿＿＿＿＿＿＿＿＿

（續下頁）

表 G.4　六個理解層面的問句句首（續）

(五) 同理心
1. 從＿＿＿＿＿＿＿＿＿＿＿＿＿＿＿＿＿＿＿＿＿＿的立場來看，會是什麼情況？
2. ＿＿＿＿＿＿＿＿＿＿＿＿＿＿對於＿＿＿＿＿＿＿＿＿＿＿＿＿會有什麼感受？
3. 對於＿＿＿＿＿＿＿＿＿＿＿＿＿＿＿＿＿＿＿，我們如何達到理解？
4. ＿＿＿＿＿＿＿＿＿＿＿＿＿＿＿＿＿想讓我們感受到或觀察到什麼？
(六) 自我認識
1. 我如何知道＿＿＿＿＿＿＿＿＿＿＿＿＿＿＿＿＿＿＿＿＿＿＿＿＿＿？
2. 我對於＿＿＿＿＿＿＿＿＿＿＿＿＿＿＿＿＿的知識有哪些不足？
3. 對於＿＿＿＿＿＿＿＿＿＿＿＿＿＿＿＿，我的「盲點」有哪些？
4. 我如何有效顯現＿＿＿＿＿＿＿＿＿＿＿＿＿＿＿＿＿＿＿＿？
5. ＿＿＿＿＿＿如何形塑我對＿＿＿＿＿＿的看法（經驗、習性、偏見、風格）？
6. 我在＿＿＿＿＿＿＿＿＿＿＿＿＿＿＿＿＿＿方面有什麼優缺點？

來源：© 2004 ASCD 版權所有。

表 G.5　與六個理解層面有關的實作動詞

使用下列一個以上的實作動詞，產生實作任務和學習事件的構想。

說明	詮釋	應用	觀點	同理心	自我認識
示範	產生類比	採用	分析	相像	知道
引用	批評	建造	辯解	保持開放	了解
描述	記錄	創作	比較	相信	認識
設計	評鑑	除錯	對照	考慮	反省
展示	舉例說明	決定	批評	想像	自我評量
表達	評價	設計	推論	相關	
歸納	賦予意義	展示		角色扮演	
引導	理解	發明			
證實	提供隱喻	實施			
模式化	了解其中涵義	製做			
預測	表現	建議			
證明	述說	解決			
顯現	翻譯	檢驗			
綜合		使用			
教導					

來源：© 2004 ASCD 版權所有。

重要的是了解，此處的目標不一定要有針對全部六個層面的評量任務。的確，不是每個層面都很適合每個理解事項；而且也沒有配額：因為品質不是數量。六個層面的提出只是幫助激發適合的評量構想。事實上，你可能最後只用到一兩個列在單元評量方法中的構想。儘管如此，許多教師已經發現，他們在思考六個層面時會產生有價值的構想。例如，在表 G.5，列在「應用」欄下的第四個動詞是「除錯」（debug），以下是根據這個概念的評量任務：

> 阿爾巴托想要確定兩種去漬劑中哪一種最有效。首先，他用有水果和巧克力污漬的 T 恤試驗 A 去漬劑，接著用有草皮和鐵鏽污漬的牛仔褲試驗 B 去漬劑，然後比較結果。
>
> 【說明】：阿爾巴托做錯了什麼，而這個錯誤會使他很難知道哪一種去漬劑最有效？他應該如何改變他的實驗？

三、錯誤概念提醒

以下是關於理解的六個層面及其應用的兩個常見錯誤概念：

1. **如同 Bloom 的教育目標分類，六個層面按照階層排序**。並非如此。理解的六個層面被視為六個相等又可望具啟發性的理解指標，因此被用於設計或選擇評量任務及提示。它們從未被刻意分出階層。

2. **在評量理解程度時，我們必須用到全部六個層面**。不必。課程設計者應該根據課程內容的本質及有關的期望理解事項，選擇一或多個適當的層面。例如，在評量學生的小說理解程度方面，**詮釋**和**同理心**是適當的層面；而**應用**和**說明**則理所當然適合數學的評量。

設計任務

檢視你已經為單元列出的理解目標，然後思考這些目標可以如何應用一個以上的理解層面進行更有效的評量。

設計訣竅

用出六個層面的樂趣。由於它們既不代表理解的階層也非配額,你不必用到全部或大部分。它們只代表設計重理解的實作任務的有趣選項,不要牽強硬用——例如在數學科試著設計一個「同理心」評量任務。然而,某位化學老師的確透過思索「同理心」,想出以下的評量任務:為某個元素之死寫篇訃聞,在訃聞中說明失去了這個元素的影響結果。

任務和指標:當我們開始考慮,有哪些可列為學習目標的適當評量證據,我們也會了解到,階段二有兩個相關但**不同的**問題有待回答:

1. 如果學習達到效果,哪些具體的實作表現是學生應該能夠做得很好的?換言之,什麼是有效的評量任務、問題或挑戰,以便確定我們的教學目標是否達到?

2. 我們應該檢視哪些證據,才可以說學習目標被達成——無論評量題目、問題、任務或實作表現的細節是什麼?在學生的作品和實作表現方面,我們應該檢視何處、找出哪些證據——無論測驗的細節是什麼——以判斷目標是否達成?

這兩個問題被反映在 UbD 的範例上。在階段二,你被要求考慮能針對階段一的目標達成提供證據(上述第一個問題),以及考慮檢視這些證據所需要的標準(上述第二個問題)。在澄清所尋求的證據之後,其答案會體現在評分指標和檢核表之中(在後面的模組,我們會對標準、指標和評分指標有更多說明)。

四、學習遷移評量在評量自主性

如果學習遷移是教學目標,那麼學生必定被期望(最終)能夠獨力應用知識、技能和理解。一言以蔽之,我們教師總是以「自主」(autonomy)為目標——學生不靠教師而自我規律(self-regulation)和獨立自主。這意味著

我們必須在經過一段時間之後，從自律的實作表現做逆向評量。「作為你的教師，我的目標是使自己最終不被需要」，某位教師如此向她的學生說明其角色。

　　請想想運動吧。運動的目標是，教練在場邊，而你自己把比賽打得很好。所以練習活動的設計總是要求要專注比賽，以及設計連續形成性評量，在並列爭球和比賽練習時，評量你帶有理解、愈加獨立的實作表現能力。因此評量設計者的角色是去設計，在一段時間之後提供愈益減少提示、鷹架、暗示和提醒的評量方法；我們的評量應該要求學生愈益自我導向、自我監控，以及自我調整實作表現。

五、教科書中的評量

　　我們對意義理解和學習遷移的討論，應該會引起你質疑教科書提供的許多評量方法的適合性。考慮到你的特定目標和情境脈絡，教科書中有多少評量方法能被你使用，你的單元中有多少評量（尤其是和理解相關的目標）必須在教科書以外另行設計？

　　請花一分鐘時間針對你現在教的單元有關的評量，瀏覽任何相關的教科書章節。考慮到你的期望結果，以及這些目標的評量應用，可從教科書找到什麼以便作為適當的評量──以及對你的階段一的具體目標要素是適當的？

設計訣竅

大多數教科書中的評量都強調各別的知識和技能目標。教科書極少重視較高階、推論性的「理解為焦點」的目標，即便它們能言善道地聲稱，評量任務和問題要求「批判思考」或「分析」。要求學生跨章節或主題建立連結的評量甚至更稀少，雖然這類的通則和對比是真正的理解關鍵。

第三節　自我評量：模組 G 的檢討標準

根據以下自我評量問題檢討你目前的單元草案。理解事項的評量是否——

- 要求對新情境的自主的學習遷移？
- 反映一個以上的理解層面？

請視需要修正你的單元設計。

第四節　修正營養單元

表 G.6 顯示六個理解層面如何被運用於——針對前面模組描述的營養單元產生評量任務的構想。

要在應用六個理解層面和設計評量任務方面得到更多幫助，請見以下線上作業單：表 G.7，應用六個理解層面構思評量方法；表 G.8，學習遷移目標在評量任務的應用；以及表 G.9，分析教科書及教學資源。

關於本模組概念和議題的更多資訊

《重理解的課程設計》第二版（Wiggins & McTighe, 2005）。第 4 章〈理解的六個層面〉有多處提到學習遷移的目標，包括 78-80 頁。

《重理解的課程設計：專業發展實用手冊》（McTighe & Wiggins, 2004）。第 155-172 頁和第 197-206 頁對理解的六個層面及有關實作任務的設計，提供許多工具和練習。

《重課程設計的學校教育》（Wiggins & McTighe, 2007）。第 2 章討論學習遷移的目標、「練習」和「遊戲」之間的差別，以及真實成就的本質是課程設計

的基礎之一。第 3 章討論，有需要根據學習遷移目標，以圍繞每個學科領域核心之關鍵（「基礎」）任務來架構課程。

表 G.6　以六個理解層面腦力激盪評量任務

目標	六個理解層面	可能的評量任務的構想
理解均衡飲食和身心健康之間的關係。	說明	設計小冊子，以幫助人們理解「均衡」飲食的意義，以及由於飲食不當所引起的健康問題。
理解 USDA 食物金字塔指南，以及根據年齡、活動程度、體重和整體健康，各人的飲食需求並不相同。	詮釋	討論：「速食」的普及說明了現代生活的什麼特性？
分析不同的飲食以決定其營養價值。	應用	為班級派對設計一份菜單，包括健康美味的點心在內。
設計均衡又美味的餐點。	觀點轉換	進行研究以發現食物金字塔指南是否能應用到其他地區（如：南極地區、亞洲、中東），以及探究多元的飲食對健康的影響。
評估自己的飲食型態，然後設計一套更健康的飲食計畫。	表現同理心	請描述，由於醫療原因而必須忍受飲食上的限制時，可能會有什麼樣的感受。
	表露自我認識	反省你的飲食習慣。在多大程度上你吃得很健康？你如何吃得更健康？

來源：© 2004 ASCD 版權所有。

參考書目

Bloom, B. (Ed.). (1956). *Taxonomy of educational objectives, handbook 1: Cognitive domain.* Chicago: University of Chicago Press.

McTighe, J., & Wiggins, G. (2004). *Understanding by design: Professional development workbook.* Alexandria, VA: ASCD.

Wiggins, G., & McTighe, J. (2005). *Understanding by design* (2nd ed.). Alexandria, VA: ASCD.

Wiggins, G., & McTighe, J. (2007). *Schooling by design: Mission, action, and achievement.* Alexandria, VA: ASCD.

重理解的學習計畫

目的：修正學習計畫（階段三）以幫助學生習得列為目標的知識和技能、理解大概念，以及在未來有效遷移所學。

期望結果：單元設計者將理解

- 有三種不同類型的學習——習得（A）、意義理解（M）和學習遷移（T），階段三的學習計畫應該適當納入每一種學習。
- 根據 A-M-T 目標，教師和學生的角色有所不同。
- 習得知識和技能不是長期目標，但卻是增進理解和學習遷移能力的方法。

單元設計者能夠

- 透過設計學習計畫來修正他們的單元，此學習計畫反映意義理解和學習遷移是結果，學科內容知識和技能則是方法。
- 確認針對各種 A-M-T 目標的適當教學和學習事件。

你應該學習模組 H，如果你尚未編寫適當採納習得、意義理解、學習遷移等三個不同學習目標的學習計畫。

你可以略讀模組 H，如果你已經編寫適當採納習得、意義理解、學習遷移等三個不同學習目標的學習計畫。

在階段一，UbD 範例要求單元設計者參考既有目標確認不同類型的「期望結果」——學習遷移、意義理解、知識以及技能，如今在階段三，是根據這些目標思考不同類型教學和學習活動的時候了。

三種類型的學習——習得、意義理解、學習遷移——反映了會直接影響學習計畫的顯著區分：

1. **習得**：事實和技能被理解及獲得。我們依次學習每個事物，不論透過直接教學或自我學習。這類學習的關鍵基準是自動性（automaticity），學生應該在提示下能夠不加思索的盡快回想資訊（如：乘法表）和表現某項技能（如：解讀字詞）。

   知識和技能習得的教學涉及直接教學的相似方法——講述、介紹、前導或圖形組體（advance/graphic organizers）、聚斂式發問和示範。學習者的角色涉及專注、大量練習和複習。

2. **意義理解**：意義的建構涉及由學生積極進行知識的學習，以理解課程內容及其涵意。學生必須透過推論、形成及檢驗理論、尋求連結和模式，以嘗試理解無法立刻領悟的某個事物。意義與其說是「教過就學到」（taught and learned），不如說是「挑戰之後建構」的（challenged and constructed）。我們**建構**事物的意義。

   這些對教學的應用是什麼？由於抽象概念的意義終究必須由學生的心智去思考和檢驗，因此教師無法簡單傳輸洞見，而必須向學生呈現問題和知識學習的任務——拒絕簡易答案而要求思考的任務，例如，**這個段落在本文中的意義是什麼？它可能表示少數不同的事物。這是哪一類問題，我應該如何處理？**教師必須如此幫助學生發展心智策略（mental strategies），以建構、檢驗、說明，並且支持他們理解的意義；以及發展在面對挑戰和不明情況時能堅持下去所需的心智習性。

3. **學習遷移**：學習遷移的能力不同於意義理解，雖然明顯相關。在習得知識和技能，也在外在幫助下變得理解學習的意義之後，學生現在必須把所學有效應用及調適到特定的新情境中。例如，**我知道如何閱讀；但我應該如何閱讀這個文本？我知道如何加、減數字；但這裡需要哪一種運算方法？在這個情況下我的答案必須多精確？我知道如何寫小論文；但**

這個特定對象、目的、期限和字數限制應該如何因應？

因此，當學習遷移是目標時，教師的角色是什麼？教師的作用必須像教練，在運動和藝術方面，教練訓練、觀察，以及提供實作表現的回饋。學生需要很多的示範和機會以嘗試實作表現──在不同的新情境應用所學。教練在示範不同的方法之後，基本上會觀察學生實作表現的努力狀況，然後持續提供適時的回饋及建議──同時也提醒學生反省哪些方法有效、哪些無效及其原因。當然，學習遷移的終極目標是使教練幾乎不被需要。因此，經過一段時間之後，教師的支持及鷹架會逐漸移除，以致於學生能學習靠自己遷移所學（及處理回饋）。因此，雖然有「教學」的角色──直接教學和示範，但它的情境條件一向是幫助學生在值得重視的任務上改進（漸增自主性）實作表現；不應該一直讓學生依賴教師提供暗示、提醒和工具。有關習得、意義理解和學習遷移目標的一般教學方法摘要，見表 H.1。

思考 A-M-T 目標的教與學應用的另一個相關方法是，應用動詞列出學生需要做的事（以及學習事件應該引發什麼），以利學生的知能習得和理解。表 H.2 呈現這類動詞的清單，從這張清單我們可以摘要，（由單元設計引導的）教師的工作是幫助學生學習、練習和熟練這些動詞所建議的能力。

因此請注意，優良的教學設計幾乎無關乎什麼是「政治正確」與否。我們認為，教師不該只是因為這麼說或這麼做是流行的和進步的，就減少講述或少用蘇格拉底式研討（Socratic seminars）。相反的，重點是逆向設計的「如果……那麼」（if-then）本質：如果你的目標是學生的理解和學習遷移，你就必須應用與這些目標連結的教學方法。

設 計 任 務

把表 H.1 和 H.2 列出的概念應用到你的階段三計畫。對於幫助學生更有效習得知能、理解意義和遷移所學，你對其所需的教與學有哪些構想？

表 H.1 A-M-T 學習目標和教師角色

三個相關的學習目標→	習得	意義理解	學習遷移
	此目標在幫助學生習得事實資訊和基本技能。	此目標在幫助學生建構重要概念和過程的意義（如：變得理解）。	此目標在支持學生於新情境有效自主遷移其所學知能的能力。
教師角色和教學策略→ 請注意：如同前述的學習目標，這三種教學角色（以及其相關方法）要在達成確認的學習結果方面，一起運用。	**直接教學** 在這個角色中，教師的基本角色是透過外顯的教學方式使學生認識目標的知識和技能；視需要能力分組。 教學策略包括： ● 講述 ● 前導組體 ● 圖形組體 ● 發問（聚斂式） ● 示範 ● 過程引導 ● 引導的練習 ● 回饋和糾正 ● 能力分組	**導入式教學** 教師在此角色中，使學生專注於主動處理資訊，並引導他們探究複雜的問題、文本、方案、個案或模擬事件；視需要能力分組。 教學策略包括： ● 診斷式評量 ● 使用類比 ● 圖形組體 ● 發問（擴散式）以及探查 ● 概念獲得 ● 探究導向法 ● 問題本位學習法 ● 蘇格拉底式研討 ● 互惠式教學 ● 形成性（持續性）評量 ● 做理解筆記 ● 回饋或糾正 ● 提示重思和反省 ● 能力分組教學	**教練** 在教練的角色中，教師設定明確的實作表現目標，在複雜度漸增的情境中監督學生掌握持續的表現機會（獨立練習），提供示範，以及給予持續的回饋（盡量個人化）。他們也視需要提供適時的教學（直接教學）。 教學策略包括： ● 持續性評量（在真實的應用情境中提供具體回饋） ● 會談討論 ● 提示自我評量及反省

表 H.2　A-M-T 的動詞

目標類別	動詞
習得	理解、計算、定義、分辨、找出、記憶、注意、改寫、取用、回想、選擇、陳述
意義理解	分析、比較、對照、批評、辯護、評鑑、説明、概化、詮釋、證實或支持、證明、摘要、綜合、檢驗、翻譯、確認
學習遷移	採用（根據回饋）、調整（根據結果）、應用、創造、設計、發明、有效表現、自我評量、解決、故障排除

第一節　學習計畫的編碼

　　A-M-T 分類已被證明是根據這些目標檢討學習計畫的有用分析架構。事實上，這個分類的建議應用之一，是使用字母 A、M、T 為你在階段三設計的教學和學習事件編碼（例如，此處的教學基本上是致力於幫助學生**習得**基本資訊嗎？這個學習事件主要是在幫助學生**理解**大概念的意義嗎？）表 H.3 針對科學單元（物理）、英語和語文（閱讀），以及數學（線性方程式）呈現這類編碼的實例。

　　請注意：A-M-T 分類在實務上不一定是「單一的」。涉及意義理解（例如：透過要學生對比）的學習事件可能也強調增進知識的習得。類似地，當學生試圖遷移所學時，他們常常會深化對重要原理的理解（建構意義），編碼的目的只是單純幫助設計者澄清其設計的教學和學習事件之**基本意圖**。

設計任務

檢討你目前的階段三設計，然後使用 A-M-T 來編碼教學和學習事件（如表 H.3 所示）。目標分配是否均衡適當？在多大程度上，你的教學適度涵蓋所有階段一的目標？根據這項分析視需要修正你的學習計畫。

表 H.3　使用 A-M-T 為學習事件編碼

在檢視以下舉例之後，就其基本意圖試著給學習事件編碼——**A**（習得）、**M**（意義理解）、**T**（知識和技能的學習遷移）。

科學——物理

- 學生觀察四個物理活動的示範（鐘擺擺動、彈丸射出、車子往下行駛、拋擲），然後就「為什麼它以這種方式移動？」的問題說明這些活動。　**M**
- 學生閱讀物理教科書中牛頓三大定律的部分，接著接受該內容為題的隨堂測驗。　**A**
- 學生從實驗室的數據做出通則，這些數據是關於車子在各種高度和角度的斜面朝下行駛。　**M**
- 學生設計一種魯布·戈德堡類型的機械，以舉例說明力的原理（須特別參考相關的牛頓定律）。　**T**

英語或語文——閱讀

- 學生從字詞的詞彙清單記憶這些字詞。　**A**
- 學生繪製一幅字詞關係及概念的網絡圖。　**M**
- 學生把字詞分類然後思考：「這些字詞有什麼共同點？」　**M**
- 學生評論及修正一篇有新字詞被誤用的報告。　**M**
- 學生閱讀含有新字詞的故事，然後說明它們在字裡行間的意義。　**T**
- 學生在不同的說寫情境中使用最近學到的字詞。　**T**

數學——線性方程式

- 學生閱讀不同的圖表和數據繪圖，然後歸納其代表的模式。　**M**
- 學生學習線性方程式 $y = mx + b$ 的公式。　**A**
- 學生使用計算斜率的公式解決實際的問題。　**A**
- 學生比較線性與非線性關係，然後說明其差異。　**M**
- 學生檢視各種真實世界的關係（例如：身高與年紀、距離對速度、一段時間的 CD 銷售量），然後判別哪些是線性的。　**M**
- 學生設計代表數據相關關係的方程式及圖形（包括數據的離群值和誤差）。　**T**

設計訣竅

要小心！如果你（或教科書）只提供學生預組的（prepackaged）「理解的意義」（例如：幾則的比較、批評、詮釋、摘要），以及簡單的步驟式應用（例如：只需要「取用」的學習任務、遵行指示說明），那麼這就「不是」重理解的教學，無論學習內容有多重要或學生的摘要有多正確！

第二節　達到理解

那麼，我們應該如何思考以發展理解為目的的教學，同時也能強調我們對課程內容的責任？我們可以這樣說：課程設計不只必須包括如何學習內容，也要包括學生如何學習有效思考及應用課程內容。內容是方法，不是結果。因此我們可以引用理解的兩個基本層面，然後指出課程計畫及教學的目的在於，經過一段時間之後學生會愈加擅長：(1)理解意義——應用內容及對內容有關的事物做出有效推論，並以自己的話說明這些推論；(2)遷移所學——在更加雜亂的真實世界情境中，以愈益增加的獨立性和效能應用所學內容。

那麼，在學習計畫方面必須有哪些合邏輯的活動，以使學生在一段時間之後改進這些能力？在你思考要教什麼必「教」的內容之前，先考慮提供發展這些能力的實作表現機會——要求理解內容的學習任務。換言之，你必須「透過設計」確保能有——

- 引發思考的問題及挑戰，這些問題及挑戰要求學生使所有的學習片段都能拼合成為通則。
- 應用這些通則於新（學習遷移）情境的機會，而且學生能從如此做的嘗試中思考回饋（這會有效導致對原先通則的修正）。
- 特定經驗，這些經驗顯示知識和技能如何一直建構支持意義理解和學習遷移的基礎，而非以習得知能為結果。

在實施重理解的教學時，重要的是，不能只是教過概念就期望它被牢記。概念是學生在面對理解內容的需要時，由教師協助而做出的結論，並非只是教師提供的另一個「事實」。它是經驗歸納的（experience-induced）理論，而不只是抽象概念；它是由理解而產生的通則，並非明顯的觀察所見。請思考偵探電影或書籍：讀者會主動建構關於誰是誰、他們的行動的意義，以及「誰是罪犯」的概念。所以，如果我們沒有使用概念來理解事物，我們就不

算是真正理解。無法幫助學生主動以概念來理解事物的意義，會造成概念依然只是無生命的抽象資訊片段。這種把概念當作事實來教的方式，也是造成學生長期概念錯誤和學習遷移不足的基本原因。

更糟糕的是，許多學生已經變得期望學校所有的學習都只是關於習得及回想。「告訴我們什麼是需要知道的。」「這個考試會考嗎？」像這些來自較年長學生的意見只是指標之一，它指出學生很可惜地習慣於認為學習是回想和反芻（不幸的是，他們的經驗往往使這個成為**正確的推論**）。

那麼，當理解是教學的目標，但學生可能還是期望所有學習都只包含習得時，接下來教學通常該怎麼辦？顯然，教學必須無畏地表示，除了知能的習得之外，還有其他目標。

因此，重理解的教學最好能從挑戰學生目前對所學內容的理解開始，並且繼續提供挑戰，而非給予更多內容的教學。從一開始學生就必須知道，理解的目標要求他們能主動思考自己的知識和技能，而非不加批判的接受新的一堂課。理解不能被動獲得而是靠主動積極的知識學習掙得，這件事學生應該更加清楚，例如學生能自問：**我認為這個資料（或文本、聲明、一套事實、理論、藝術）有什麼意義？我如何確認我是對的？其他人會怎麼想？他們為什麼這麼想？接下來是什麼？**關鍵的推論不是從文本找到，而是在會思考的學生心中。

因此，什麼是達成意義理解的一些活動？以下段落提供指南及舉例。

第三節 透過有挑戰的探究發展理解

你可能知道，日本許多中學數學課以有挑戰的問題開始每堂新課，而非教新的內容，其目的在使新內容在學生努力設法解決挑戰之後顯得有需要。在科學、醫學院、工學院方面的問題本位學習之課程設計，也在達成相同的目的：幫助學生理解新學習的價值，但也給予他們練習建構意義，以及把知識遷移到特定情境的練習機會。

　　因此，請想像你如何圍繞探索活動來開始及架構一個單元，就像以下的舉例：

- 「我們讀的書書名是《蟾蜍是好友》（*Frog and Toad Are Friends*）。但是青蛙欺騙蟾蜍把實際上的四月想成五月！我很困惑，這就是朋友相互對待的方式嗎？什麼是**真正的朋友**？」

- 「有些人說，我們應該投下原子彈，有些人則說我們應該努力求取和平、警告日本人，甚至不應該使用原子彈。你的看法是什麼？你會如何建議杜魯門總統——在只知道他們當時所知的情況下？」

- 「這是關於女子馬拉松完成賽跑所用時間的數據。其趨勢是什麼？未來女子選手有可能比得上男子馬拉松奪標所用的時間嗎？」

- 「你知道，我很困惑。我在我家附近發現這個物體〔一個貓頭鷹小球（owl pellet）；譯註：指貓頭鷹把消化不了的獵物毛骨以「食繭」吐出的團狀嘔吐物〕。我不確定這是什麼？你認為它可能是什麼？」（稍後又問：「我們在拆開它之後，要問什麼問題？研究什麼？」）

- 「這是一捲關於馬德里某場景的錄影帶（西班牙語）。這裡發生什麼事？考慮到你的詞彙有限，你會說些什麼以幫助這個需要幫助的男人？」

　　透過經常面對這類挑戰和問題，學生會變得很熟練於利用先前的學習：**這提醒我什麼事情？關於處理這類問題，我學到了什麼？這個連接到什麼？我如何把這個對比到我們上星期所學？**（大概念會是那些連結的要點。）

　　以下是《羅密歐與茱麗葉》單元的更長舉例，這個例子從問題開始：

　　　　取代只是走過一遍這部戲、提醒學生注意關鍵幾幕戲和議題，以及對故事細節做隨堂測驗，我們把這齣劇的閱讀扎根在一組有效的重要問題——這些問題會使學生在閱讀此劇時保持焦點而且更有可能理解。這些問題如下：誰「殺了」羅密歐與茱麗葉？什麼是真

愛？成人在其子女的生命（及愛情）中扮演什麼角色？

在開始閱讀《羅密歐與茱麗葉》之前，學生要在根據這些議題編寫的「預先想法指引」（anticipation guide）問卷上，回答及討論他們的答案。使用在連續數字上選答的李克特量表（Likert scale），學生要回應這些問題：父母對你的約會對象有多大影響力？年輕人可能找到真愛嗎？一見鍾情是真的，或者只是被外在吸引力蒙蔽的幻象？透過這類初步的探究及討論——全是意義理解的活動，學生現在帶著心中具體有用的問題更想要積極閱讀這齣戲，而且更有可能願意習得與此劇相關的知識和技能。

隨著此劇的閱讀活動展開，學生被要求重新思考他們關於愛、婚姻和家庭的初步「理論」：「你的看法改變了嗎？是否變得更明確、更有信心？或者有所質疑？為什麼？」這是促進式（facilitating）意義理解的精髓；亦即，學生發展自己的理論並檢驗之——根據其他理論、事實（在此例中是指文本）、他們自己的經驗——同時也在閱讀此劇時習得知識和技能。

最後的學習任務要求兼顧意義理解和學習遷移，教師要「預先」告知學生以利集中他們的思考，進而促進主動積極的意義理解和學習轉換：

- 在模擬審判中，誰應該為這對情侶的死亡被判定「有罪」？
- 不僅根據我們的個人經驗，也依據此劇的智慧，什麼是青少年戀愛的指南？
- 這齣戲如何有效重編搬上舞台，以針對現代人的欣賞品味傳播其普世概念？

請注意教材問題。學生必須專注於仔細閱讀本劇，留意指定回答的問題，但也必須明白，此劇只是獲得更大理解的工具——針對有意義且永不過時的探究。我們讀此劇是為了更有效理解人類經驗，以及交互檢驗此劇的觀點和

我們的觀點。在過程中，我們也教導學生如何以欣賞作者生花妙筆的態度，更具闡釋性地閱讀。

第四節　教學技巧和重理解的教學

有些數學教師（以及其他領域焦點是技能的教師，例如基礎閱讀和初級外語）可能認為，目前為止的論點並不適用於他們：「我們的工作是教導技能及確保學生學會。我們只是示範技能，學生也只需要練習技能。」然而技能的**聰明**應用要依賴大概念──強調的原理與策略性應用。例如，成為籃球方面有技巧的運球者是一回事；理解「創造攻擊空間」的原理以利在快攻運球時「分散隊員」，又是另一回事。

表 H.4 的統計單元舉例說明了這個重點。為初中或高中統計課設計的這個單元，強調計算集中趨勢量數──平均數、中數和眾數。雖然學習基本概念和技能是當然的目標，但請注意此單元的學習如何圍繞基本概念，透過更廣的探究問題來架構：「什麼是『公平』？在多大程度上，數學可以幫助我們弄清楚『公平』是什麼？」知識和技能的習得（A）發生在意義理解（M）和學習遷移（T）的情境中。數學教科書幫助我們達成習得知能的目標，但是教科書並未因應意義理解和學習遷移目標──這是課程設計技巧起作用之處。

請檢視此單元計畫（表 H.4）的關鍵學習事件，使用 A-M-T 予以編碼。在編碼時，請注意單元實施的順序，例如，教科書用於發展基本知能，是在教師呈現有挑戰的問題及相關活動之後。也請注意，此單元在某個學習遷移任務上達到學習的高峰。

我們可以從這個及之前的舉例做歸納。就非常實際的意義而言，**強調理解的單元更關乎較大的問題及應用，而非特定的內容**。為向學生顯示意義理解和學習遷移的優先性，學習單元一開始就要帶領他們透過建構及檢驗理論的循環探究過程來學習，並且同時習得與探究活動相關的知識和技能。簡言之，單元設計的過程大致如第 139 頁所列：

表 H.4 A-M-T 應用於「集中趨勢的度量」單元

主要問題：什麼是公平——數學如何幫助我們回答這個問題？

A ＝習得基本知識和技能；**M** ＝意義理解；**T** ＝學習遷移

1. 引入及討論主要問題的第一個部分：什麼是「公平」？什麼是「不公平」？**M**

2. 引入比賽的問題：考慮到高中四個不同年級所有跑者的賽跑終點不同，在全校賽跑競賽中哪個班級應被宣布是公平競賽的勝利者？呈現一份顯示每個跑者年級及他或她完賽排名順序的名單。但賽者的總名單經過謹慎設計以致難以宣布優勝者：取平均數似乎不公平，例如，年紀和性別可能都有影響作用。學生分成四組提出最公平的解決方案，並且為其方法提出理由說明。在小組活動及報告結束時，教師引導全班總結討論所提出的議題。**M、T**

3. 教師對學生說明第一、二個探討問題所連結的更廣的數學問題，以及這些問題如何從集中趨勢的度量來考慮。教師列出已排序的單元活動，以及最終的學習遷移和意義理解任務：在評分上應該採用哪一種評分方法？學生對「公平與數學」的「主要問題」的最後反思是什麼？**A**

4. 在拼圖式教學法的小組中，學生分享他們的答案，然後回到原小組中全員歸納剛才分組所學。學生討論與公平概念相關的其他例子如下：**M**
   - 如果所有隊伍之間沒有徹底兩兩比賽，什麼是給許多隊伍排名的公平方法？
   - 什麼是把有限食物分配給高矮胖瘦不同饑民的公平方法？
   - 什麼時候多數決是「公平的」，什麼時候不是？怎麼樣會更公平？
   - 根據一州人口數決定按比例分配的眾議員人數，是公平的；但每個州不論大小都有兩個參議員，公平嗎？什麼是更公平的決定方式？
   - 為了制定政府政策，什麼是表示勞動人口「平均」賺多少錢的公平和不公平方法？

5. 教師將討論連結到教科書的下個部分——集中趨勢的度量（平均數、中數、眾數、全距、標準差）。**A**

6. 學生學習計算各種量數。**A**

7. 教師給學生做教科書上的平均數、中數和眾數隨堂測驗。**A**

8. 教師帶學生檢討及討論隨堂測驗結果。**A、M**

9. 小組的課堂學習任務：對學校而言，什麼是最公平的可能評分制度？**M、T**

10. 個人和小組報告他們的評分政策建議及理由。**M、T**

11. 最後的學習遷移任務：每個學生決定哪種量數（平均數、中數或眾數）應該被用於計算他或她在評分期間的成績，然後寫給教師一紙註解，表明採用的計算方式並說明選擇此方法的理由。**T**

12. 學生針對主要問題寫出反省。**M、T**

1. 引入挑戰目前理解事項的問題、難題或其他引發思考的經驗。
2. 使學生之間產生合理的不同答案和歧見，以利有需要形成更令人滿意的「理論」；可做「K-W-L」分析表以設定已知、須發現什麼等等。
3. 學生若不是必須發展自己的理解，就是必須應用教師你、文本或其他同學提供的理論。
4. 學生試驗自己的理論，視需要修正概念，以及辯論理解出不同意義的好處。
5. 學生自己的或小組的理論面對來自教師你、文本、不同經驗或其他新觀點提供的挑戰。
6. 學生視需要修正其概念。
7. 學生視需要將他們的理論遷移到一個以上的具體情境中。
8. 學生從探究的結果建立通則，仔細注意在嘗試學習遷移時產生的限制和細微差別，以及討論理論的優缺點及限制。

第五節　學習遷移所學

　　如以上舉例所示，有焦點的探究能促進學習遷移目標。在這個重點方面的研究結果很明確：真正形成及「擁有」某個概念的學生，比起只擁有練習而來的知能的學生，更有可能有效詮釋新情境和處理新問題。

　　　　任何學習行為的第一個目的……是，學習應該在未來被我們所用……質言之，它包括，剛開始學習的不是技能而是一般概念，這個概念之後能被用作認清接下來所遇問題的基礎……這種學習遷移是教育過程的關鍵——以……概念而言，持續擴大和深化知識。（Bruner, 1960, p.17）

　　　　有個關鍵發現是，把資訊組織成概念架構會引起更大的學習遷

移……研究已清楚指出，有用的知識不同於只是不相關的事實資訊的清單。專家知識圍繞重要概念而連結及組織；它支援理解並且將所學遷移到其他的情境脈絡。（Bransford, Brown, & Cocking, 2000, p.9）

　　如果學生從其學習活動中習得如何擷取基本的原理和主題知識，他們會對何時、何處、為何，以及如何使用其知識來解決新問題，發展出有彈性的理解。（Bransford et al., 2000, p.224）

統計單元和《羅密歐與茱麗葉》單元舉例說明了有力的概念和考慮學習遷移情境的重要性。最終的學習任務只有透過仔細思考公平與愛，以及透過把個人經驗及先前所學帶入到手邊任務的非常具體情境，才能順利達成。

如數學單元的舉例所示，學習遷移的關鍵要素之一是，學生受到要把學習應用到特定新情境的挑戰時，其對該情境的敏感度（及原有知識的精確性）很重要。單單死記硬背的學習及練習，永遠無法使學生做好因應這類學習遷移的準備，而這個重點直接關聯到高風險績效責任測驗（high-stakes accountability testing）。我們針對發布測驗及結果的各州，分析其標準化測驗結果，發現最具挑戰性的標準化測驗題目（例如：「普遍未答」的題目），「不是」要求回想或基本技能的題目（Wiggins, 2000）。它們始終不變地涉及到學習遷移，因為學生遇到的閱讀文章、寫作提示和文字問題都是新的或不熟悉的形式。因此幫助學生準備測驗的最終最有效方法是，利用學生於有意義的探究和情境化應用的情況下學到的各別知能，教導他們理解意義和學習遷移。此處摘要學習遷移的研究結果，以利課程設計者能思考如何有效幫助學生發展，以彈性的、情境敏覺的（context-sensitive）方式，更加獨立應用所學的能力：

1. **設定及不斷強調明確的學習遷移目標**。要經常明確提醒學生學習遷移目標。為什麼？因為大多數學生不了解這是學習目標，他們相當相信──

來自先前經驗（尤其傳統測驗），學習目標是回想及取用先前所學。請澄清，「學習遷移」的遊戲非常不同於「回想及抽取即用」的遊戲。

　　一開始，透過放聲思考，以及明確提醒你自己及學生現在所做之事及其目的，來澄清學習遷移目標。花點時間重複幾遍學生在單元或課程結束時必須順利達成的幾種學習遷移實作活動，例如，「單元結束時，你必須在沒有我的提示或暗示之下，自己做出這個作品。這裡有一些過去幾年的學生報告範例，以及說明最終目標的評分指標。」或者，「一開始，你將只是模仿我所教的一些方法，但後來你必須創造你自己的方法，或者對新任務採用學過的某個方法。」

2. **要學生練習判斷使用少數不同技能，而非只是依要求用上某技能**。學習遷移是關於判斷**何時**該應用**哪項**知識和技能，因此它是關於使用總技能方面的聰明策略〔相對於「陳述性」和「程序性」知識，心理學家稱其為「條件性」知識（"conditional" knowledge）〕。請確定，學生要有機會聽到你自己在解決問題和詮釋文本時的放聲思考。給予練習機會及回饋，讓學生嘗試判斷特定情況下哪個技能或知識最有用。要學生做放聲思考，以及在放聲思考時說明為什麼要做某些事。學生學習這種方式的自我監控，能改善自我評量和自我調整。

3. **對學生的自我提示、知識提取、自我評量和自我調整，提供回饋**。如同在運動和獨立閱讀方面，學生需要無數次自我提示、自我評量、自我調整的機會——加上教師對學生所做的回饋，當你**不**提供圖形組體，或者不大力提示學生應該使用昨天學到的寫作技巧，學生會怎麼做？不巧的是，研究結果很明確：在缺乏教師的明確指示時，許多學生不會自我提示。「你沒說要使用它！」是常見的不得體意見。因此不斷測試（不一定要評量它們或正式評分）學生的自我提示能力，很重要，例如，給他們不熟悉的測驗題目、寫作提示，或者所給問題沒提到哪項知識被用到及他們應該利用哪些策略和工具。檢視學生憑一己之力做了什麼，然後在課堂上仔細做幾次評量。要像教練一樣的詢問：他們認為這是哪一種

任務？既然它看起來應該和任務這麼明顯相關，為什麼他們沒有想到要使用圖形組體 X 或策略 Y？

4. **改變設定以利學生了解，應用先前所學的方式是變化多端的。**學習遷移的研究強調，給學生的任務必須屬於背景、形式、脈絡、模式或語言在一段時間之後會充分不同，以便學生學到他們必須在知識使用方面有更彈性的思考。學生也常常認為——及希望——一套步驟或直接用上的公式就能解決未來的所有需求。要對學生說明，最初的步驟、建構或鷹架就是那樣而已——鷹架或拄杖終究會被隨機而做的決定所取代。在應用所學方面，學生的學習往往太拘謹和機械化，而不是把應用看作是**概念**的利用，例如，教導寫五段式論文、三段式論文和不分段論點（如：有力的廣告）時，要說明學習遷移目標是「合理說服」，而不是只採用像「五段式論文」一樣的一體適用策略。對於要求相同知識的任務或問題，給學生的問題看起來要更古怪（如：涉及畢式定理的更加非常規、非明顯問題）。

5. **要學生經常從特定（及挑戰性漸增）的舉例和個案歸納通則。**學習遷移是關於使用有用的大概念，去發現其他人只看到新奇和差異的相似性和連結。要學生從他們的經驗歸納通則，然後立即把課堂內容轉移成更廣的可應用原理、規則和概念，例如，在學習「向西擴張」單元之後問學生：「墾拓者的向西遷徙暗示了哪個關於人類移民的大概念？你能採用其他證據支持你的歸納嗎？」然後在學習二十世紀初期的移民歷史之後問相同的問題，並幫助學生理解，這類學習遷移會更加要求他們靠自己探索——使用概念看出連結和學習遷移。

6. **要求學生經常把所學知能重述、改寫或重新演示。**根據學習和學習遷移的研究，無論只是寫筆記，或者很有創意的把完整的文本置入新的體裁、時間、地點之中，讓學生以自己的話語重組所學，對長期記憶和彈性應用知識是很重要的幫助。

討論意義理解和學習遷移的教學，應該也能觸發你想到兩個在課程計畫和教學上常見的錯誤：講述式教學用得太多與太少。當我們把所有目標都看作是知識和技能，認為只要透過一次的按內容教學就可以「被理解」時，講述式教學就會用得太多。就不好的意義而言，按內容教學實際上是「提到即教到」（teaching by mentioning）的空想：聽到有價值的任何事情，又練習幾次各別的技能之後，彷彿就可以永誌不忘，而且能夠理解及明智應用一切所學。

另一個極端——用得太少，錯在把所有學習都視作「發現即學習」（learning by discovery）的反向作法。這種取向犯了三個錯誤。首先，它忽略掉，要習得大量的重要知識、技能和策略，必須透過明確的示範、教導和學習——學習的研究已確認有需要實施直接引導的教學。第二，它忽視這個事實：大多數大概念並非顯而易見，而且往往和常理不一致。最後，它不當地假定，理解會以某種方法產生（因此擴大而言，學生胡亂想到的**任何**意義理解或實作表現都是可以的）。換言之，如果學生的真正理解畢竟是「靠課程設計」而非「靠運氣」產生，則教師必須是意義理解和學習遷移的主動促導者（facilitator）和教練。

第六節　教科書的角色

如同我們在前幾個模組所提醒，教科書可能需要但通常不足以成為所學課程的全部。最好將其視為知識和技能發展的參考資源，編排按照主題以適合全國的一般使用者。教科書上的學習評量很少要求意義理解和學習遷移，因此教師必須設計所教課程及適當單元，以利圍繞長期的理解目標架構教科書的使用。根據你自己的理解有關目標，哪些目標已被你的教科書涵蓋，哪些沒有？

第七節　提示學生達到 A-M-T 的必要

　　直到學校生涯的最末端時期，學生都很難明白，教育的基本目標是意義理解和學習遷移。他們往往從小就認為，自己的唯一工作就是習得知識和技能，在太多按內容教學與準備考試的逼促之下，學生變得把學習看成只須知道答案及考試時已準備好作答。如同我們的學生曾說過：「討論已經夠了；只要告訴我們故事的意義就可以了！」數學教師也曾經告訴我們，有些學生及家長在測驗題目出現新的待解決問題時會抱怨（如：「我們沒有學到那種特定題目──這不公平！」）。這類意見指出，至少某些學生（及家長）可能不明白，意義理解和學習遷移才是關鍵的教育目標，而且也不明白，並非所有的學習都是習得知能而已。

　　因此教師有必要明確而詳細地幫助學生理解有不同的學習目標──A-M-T──存在，這些目標要求不同的學習策略及連帶的不同評量類型。這可以透過書面課程大綱、給家長的信、公布於網站之近幾年針對測驗的意見，以及其他方法做到。

　　總之，我們請你根據三類目標──習得、意義理解和學習遷移，以及這個模組建議的教學方法，重新修正你的學習計畫草稿。

第八節　自我評量：模組 H 的檢討標準

　　根據以下標準檢討你目前的單元草案：

1. 所有三類學習目標（習得、意義理解、學習遷移）是否都納入在我的學習計畫草案中？

2. 我草擬的學習事件是否適合每一類的目標，而非只是採用最熟悉和最合意的目標？

3. 學生是否有足夠機會，可以針對單元大概念獨力做結論和理解意義？

4. 我是否草擬了一套單元活動流程，能夠逐漸讓學生更負責任地思考要做什麼及何時去做？

第九節　修正營養單元

　　表 H.5 顯示編碼為 A、M 或 T 的階段三學習事件。這種編碼能使設計者檢核所有三種目標——習得、意義理解、學習遷移——都適當納入在學習計畫中。

表 H.5　營養單元，階段三：使用 A-M-T 為學習事件編碼

A＝習得基本知識和技能
M＝意義理解
T＝學習遷移

1. 以起點問題開始（你吃的食物會引起粉刺嗎？），以吸引學生考慮營養對其生活之影響。**M**
2. 介紹主要問題，然後討論本單元最終的實作任務（「吃下去」和「飲食行動計畫」）。**M**
3. 注意：透過不同的學習活動和實作任務，介紹必要的關鍵詞彙術語。學生從健康教育教科書閱讀及討論相關的選文，以進行學習活動及任務。學生為後來的檢討和評鑑撰寫每日飲食紀錄表，以作為持續的學習活動。**A**
4. 呈現以食物分類為所學概念的單課教學，然後要學生練習食物的分類圖。**M**
5. 介紹食物金字塔並具體說明各大類食物的內容。學生分小組學習設計食物金字塔海報，其內容包括各大類食物的單張圖解。將海報展示在教室或走廊上。**A**
6. 進行食物分類和食物金字塔的隨堂測驗（配對題形式）。**A**
7. 複習及討論來自 USDA 的營養小冊子。討論問題：人人都必須遵循相同的飲食才能保持健康嗎？**A、M**
8. 學生以合作小組的學習方式，分析一個虛構家庭的飲食（蓄意營養不均衡），然後對改善其營養提出建議。教師在學生學習時觀察其討論並予指導。**M、T**
9. 要各組學生分享飲食分析的結果，並進行全班的討論。**M**
（注意：教師應蒐集及評論學生的飲食分析報告，以找出需要以教學補正的錯誤概念。）

（續下頁）

表 H.5 營養單元，階段三：使用 A-M-T 為學習事件編碼（續）

---

10. 每個學生設計一份有圖解的營養小冊子，以教導幼童了解營養對健康生活的重要性，以及與不當飲食有關的問題。這項活動要在課外時間完成。**M、T**

11. 播放《營養與你》的錄影帶並進行討論，討論與不當飲食有關的健康問題。**A**

12. 學生聆聽客座演講者（來自地方醫院的營養師）對於營養不良導致的健康問題之演講，並提出發問。**A**

13. 學生回答下列書面的問題提示：描述可能是由於營養不良所引起的兩項健康問題，然後説明怎樣改變飲食以避免這些問題（教師蒐集學生的答案並予評分）。**A**

14. 教師示範如何解讀食物標示上的營養價值資訊，然後要學生使用捐出的食物包裝盒、罐頭、瓶子（空的！）等做練習。**A**

15. 學生獨立設計三天份的宿營菜單。**T**

16. 在單元課程的總結階段，學生檢討其所做的完整飲食紀錄表，然後自評飲食符合健康的程度。提醒學生注意是否標記出改變？標記出改善情形？他們是否注意到自己在感覺或外表上的改變？**M、T**

17. 要學生為健康的飲食發展個人的「飲食行動計畫」，這些計畫會被保存，然後在學生參與的親師會上展示。**T**

18. 學生對自己個人的飲食習慣做自評，以總結本單元的課程。要每個學生為他們的健康飲食目標發展個人的行動計畫。**M、T**

你可以從線上找到兩種有用的作業單：表 H.6，重理解的學習（A-M-T）和表 H.7，明智地使用教科書。兩者都針對設計學習事件提供範例和提示。

關於本模組概念和議題的更多資訊

《人如何學習》（*How People Learn*, Bransford, Brown, & Cocking, 2000）。

《派代亞計畫》（*The Paideia Proposal*, Adler, 1982）。

《重課程設計的學校教育》（Wiggins & McTighe, 2007）。第 4 章。

《重理解的課程設計：專業發展實用手冊》（McTighe & Wiggins, 2004）。第 118 頁。

參考書目

Adler, M. (1982). *The Paideia proposal: An educational manifesto.* New York: Macmillan.

Bloom, B. (Ed.). (1956). *Taxonomy of educational objectives, handbook 1: Cognitive domain.* Chicago: University of Chicago Press.

Bransford, J., Brown, A., & Cocking, R. (Eds.). (2000). *How people learn: Brain, mind, experience, and school* (Expanded ed.). Washington, DC: National Academy Press.

Bruner, J. (1960). *The process of education.* Cambridge, MA: Harvard University Press.

McTighe, J., & Wiggins, G. (2004). *Understanding by design: Professional development workbook.* Alexandria, VA: ASCD.

Wiggins, G. (2010, March). Why we should stop bashing state tests. *Educational Leadership, 67*(6), 48–52.

Wiggins, G., & McTighe, J. (2005). *Understanding by design* (2nd ed.). Alexandria, VA: ASCD.

Wiggins, G., & McTighe, J. (2007). *Schooling by design: Mission, action, and achievement.* Alexandria, VA: ASCD.

跋

　　研讀過這個課程設計指南之後，你已經學到如何應用最新修正的 UbD 範例 2.0 版，從理解相同的目標來做「逆向的」課程單元設計。

　　你已經透過三個階段的實作練習，設計了包括下列要素的單元草案：

階段一

- 學習遷移目標
- 主要問題和理解事項
- 知識和技能目標
- 相關標準及其他所有目標

階段二

- 實作任務和其他證據
- 評鑑標準

階段三

- 摘要強調意義理解和學習遷移的學習計畫

　　如果這是你第一次採用 UbD 來計劃課程，你可能已經發現，這個過程的要求很多，甚至有一點令人不舒坦。許多初學者觀察到，雖然逆向設計的邏輯合理，但真正的設計過程比他們想像的更困難。好消息是，藉由練習，逆向設計會變得更自然；的確，它會變成一種思考方法。如果你已有一些 UbD 的經驗之後再研讀這本指南，我們相信你對它的理解已經深化，而且也更有信心在設計單元時遷移使用這個方法。最後，我們相信你在這個新範例中看到其力量——即便它代表改變習慣。

　　我們希望，隨著我們根據全球幾千名教師的經驗繼續探索擴充學習資源，你會以其他可得的產品繼續學習 UbD，我們會持續為 UbD 團體上傳 UbD 資源到 ASCD EDge 的指定網頁。查詢請至 http://groups.ascd.org/groups/detail/110884/understanding-by-design/。

notes

notes

notes

國家圖書館出版品預行編目（CIP）資料

設計優質的課程單元：重理解的設計法指南 / Grant Wiggins,
　Jay McTighe 原著；賴麗珍譯. -- 初版. -- 新北市：心理, 2015.04
　面；　公分 .--（課程教學系列；41325）
　譯自：The understanding by design guide to creating
　　　　high-quality units
　ISBN 978-986-191-640-8（平裝）

　1.課程　2.課程規劃設計

　521.7　　　　　　　　　　　　　　　　　　　103028015

課程教學系列 41325

設計優質的課程單元：重理解的設計法指南

作　　者：Grant Wiggins & Jay McTighe
譯　　者：賴麗珍
執行編輯：陳文玲
總 編 輯：林敬堯
發 行 人：洪有義
出 版 者：心理出版社股份有限公司
地　　址：231026 新北市新店區光明街 288 號 7 樓
電　　話：(02) 29150566
傳　　真：(02) 29152928
郵撥帳號：19293172　心理出版社股份有限公司
網　　址：https://www.psy.com.tw
電子信箱：psychoco@ms15.hinet.net
排 版 者：龍虎電腦排版股份有限公司
印 刷 者：龍虎電腦排版股份有限公司
初版一刷：2015 年 4 月
初版六刷：2021 年 12 月
I S B N：978-986-191-640-8
定　　價：新台幣 200 元